INDONESIANO
VOCABOLARIO

PER STUDIO AUTODIDATTICO

ITALIANO - INDONESIANO

Le parole più utili
Per ampliare il proprio lessico e affinare
le proprie abilità linguistiche

7000 parole

Vocabolario Italiano-Indonesiano per studio autodidattico - 7000 parole

Di Andrey Taranov

I vocabolari T&P Books si propongono come strumento di aiuto per apprendere, memorizzare e revisionare l'uso di termini stranieri. Il dizionario si divide in vari argomenti che includono la maggior parte delle attività quotidiane, tra cui affari, scienza, cultura, ecc.

Il processo di apprendimento delle parole attraverso i dizionari divisi in liste tematiche della collana T&P Books offre i seguenti vantaggi:

- Le fonti d'informazione correttamente raggruppate garantiscono un buon risultato nella memorizzazione delle parole
- La possibilità di memorizzare gruppi di parole con la stessa radice (piuttosto che memorizzarle separatamente)
- Piccoli gruppi di parole facilitano il processo di apprendimento per associazione, utile al potenziamento lessicale
- Il livello di conoscenza della lingua può essere valutato attraverso il numero di parole apprese

T&P Books Publishing
www.tpbooks.com

ISBN: 978-1-78616-500-8

Questo libro è disponibile anche in formato e-book.
Visitate il sito www.tpbooks.com o le principali librerie online.

VOCABOLARIO INDONESIANO
per studio autodidattico

I vocabolari T&P Books si propongono come strumento di aiuto per apprendere, memorizzare e revisionare l'uso di termini stranieri. Il vocabolario contiene oltre 7000 parole di uso comune ordinate per argomenti.

- Il vocabolario contiene le parole più comunemente usate
- È consigliato in aggiunta ad un corso di lingua
- Risponde alle esigenze degli studenti di lingue straniere sia essi principianti o di livello avanzato
- Pratico per un uso quotidiano, per gli esercizi di revisione e di autovalutazione
- Consente di valutare la conoscenza del proprio lessico

Caratteristiche specifiche del vocabolario:

- Le parole sono ordinate secondo il proprio significato e non alfabeticamente
- Le parole sono riportate in tre colonne diverse per facilitare il metodo di revisione e autovalutazione
- I gruppi di parole sono divisi in sottogruppi per facilitare il processo di apprendimento
- Il vocabolario offre una pratica e semplice trascrizione fonetica per ogni termine straniero

Il vocabolario contiene 198 argomenti tra cui:

Concetti di Base, Numeri, Colori, Mesi, Stagioni, Unità di Misura, Abbigliamento e Accessori, Cibo e Alimentazione, Ristorante, Membri della Famiglia, Parenti, Personalità, Sentimenti, Emozioni, Malattie, Città, Visita Turistica, Acquisti, Denaro, Casa, Ufficio, Lavoro d'Ufficio, Import-export, Marketing, Ricerca di un Lavoro, Sport, Istruzione, Computer, Internet, Utensili, Natura, Paesi, Nazionalità e altro ancora ...

INDICE

GUIDA ALLA PRONUNCIA

Lettera	Esempio indonesiano	Alfabeto fonetico T&P	Esempio italiano
Aa	zaman	[a]	macchia
Bb	besar	[b]	bianco
Cc	kecil, cepat	[ʧ]	cinque
Dd	dugaan	[d]	doccia
Ee	segera, mencium	[e], [ə]	meno, leggere
Ff	berfungsi	[f]	ferrovia
Gg	juga, lagi	[g]	guerriero
Hh	hanya, bahwa	[h]	[h] aspirate
Ii	izin, sebagai ganti	[i], [j]	vittoria, New York
Jj	setuju, ijin	[dʒ]	argilla
Kk	kemudian, tidak	[k], [']	cometa, occlusiva glottidale sorda
Ll	dilarang	[l]	saluto
Mm	melihat	[m]	mostra
Nn	berenang	[n], [ŋ]	notte, fango
Oo	toko roti	[o:]	coordinare
Pp	peribahasa	[p]	pieno
Qq	Aquarius	[k]	cometa
Rr	ratu, riang	[r]	[r] trillo (vibrante)
Ss	sendok, syarat	[s], [ʃ]	sapere, ruscello
Tt	tamu, adat	[t]	tattica
Uu	ambulans	[u]	prugno
Vv	renovasi	[v]	volare
Ww	pariwisata	[w]	week-end
Xx	boxer	[ks]	taxi
Yy	banyak, syarat	[j]	New York
Zz	zamrud	[z]	rosa

Combinazioni di lettere

aa	maaf	[aʔa]	a+occlusiva glottidale sorda
kh	khawatir	[h]	[h] aspirate
th	Gereja Lutheran	[t]	tattica
-k	tidak	[']	occlusiva glottidale sorda

ABBREVIAZIONI
usate nel vocabolario

Italiano. Abbreviazioni

agg	-	aggettivo
anim.	-	animato
avv	-	avverbio
cong	-	congiunzione
ecc.	-	eccetera
f	-	sostantivo femminile
f pl	-	femminile plurale
fem.	-	femminile
form.	-	formale
inanim.	-	inanimato
inform.	-	familiare
m	-	sostantivo maschile
m pl	-	maschile plurale
m, f	-	maschile, femminile
masc.	-	maschile
mil.	-	militare
pl	-	plurale
pron	-	pronome
qc	-	qualcosa
qn	-	qualcuno
sing.	-	singolare
v aus	-	verbo ausiliare
vi	-	verbo intransitivo
vi, vt	-	verbo intransitivo, transitivo
vr	-	verbo riflessivo
vt	-	verbo transitivo

CONCETTI DI BASE

Concetti di base. Parte 1

1. Pronomi

io	saya, aku	[saja], [aku]
tu	engkau, kamu	[eŋkau], [kamu]
egli, ella, esso, essa	beliau, dia, ia	[beliau], [dia], [ia]
noi	kami, kita	[kami], [kita]
voi	kalian	[kalian]
Lei	Anda	[anda]
Voi	Anda sekalian	[anda sekalian]
loro	mereka	[mereka]

2. Saluti. Convenevoli. Saluti di congedo

Salve!	Halo!	[halo!]
Buongiorno!	Halo!	[halo!]
Buongiorno! (la mattina)	Selamat pagi!	[slamat pagi!]
Buon pomeriggio!	Selamat siang!	[slamat siaŋ!]
Buonasera!	Selamat sore!	[slamat sore!]
salutare (vt)	menyapa	[mənjapa]
Ciao! Salve!	Hai!	[hey!]
saluto (m)	sambutan, salam	[sambutan], [salam]
salutare (vt)	menyambut	[mənjambut]
Come sta? Come stai?	Apa kabar?	[apa kabar?]
Che c'è di nuovo?	Apa yang baru?	[apa yaŋ baru?]
Arrivederci!	Selamat tinggal!	[slamat tiŋgal!],
	Selamat jalan!	[slamat dʒʲalan!]
Ciao!	Dadah!	[dadah!]
A presto!	Sampai bertemu lagi!	[sampaj bərtemu lagi!]
Addio! (inform.)	Sampai jumpa!	[sampaj dʒʲumpa!]
Addio! (form.)	Selamat tinggal!	[slamat tiŋgal!]
congedarsi (vr)	berpamitan	[bərpamitan]
Ciao! (A presto!)	Sampai nanti!	[sampaj nanti!]
Grazie!	Terima kasih!	[tərima kasih!]
Grazie mille!	Terima kasih banyak!	[tərima kasih banjaʔ!]
Prego	Kembali! Sama-sama!	[kembali!], [sama-sama!]
Non c'è di che!	Kembali!	[kembali!]
Di niente	Kembali!	[kembali!]
Scusa! Scusi!	Maaf, ...	[maʔaf, ...]
scusare (vt)	memaafkan	[memaʔafkan]

scusarsi (vr)	meminta maaf	[meminta ma'af]
Chiedo scusa	Maafkan saya	[ma'afkan saja]
Mi perdoni!	Maaf!	[ma'af!]
perdonare (vt)	memaafkan	[mema'afkan]
Non fa niente	Tidak apa-apa!	[tida' apa-apa!]
per favore	tolong	[toloŋ]

Non dimentichi!	Jangan lupa!	[dʒ'aŋan lupa!]
Certamente!	Tentu!	[tentu!]
Certamente no!	Tentu tidak!	[tentu tida'!]
D'accordo!	Baiklah! Baik!	[bajklah!], [baj'!]
Basta!	Cukuplah!	[tʃukuplah!]

3. Numeri cardinali. Parte 1

zero (m)	nol	[nol]
uno	satu	[satu]
due	dua	[dua]
tre	tiga	[tiga]
quattro	empat	[empat]

cinque	lima	[lima]
sei	enam	[enam]
sette	tujuh	[tudʒ'uh]
otto	delapan	[delapan]
nove	sembilan	[sembilan]

dieci	sepuluh	[sepuluh]
undici	sebelas	[sebelas]
dodici	dua belas	[dua belas]
tredici	tiga belas	[tiga belas]
quattordici	empat belas	[empat belas]

quindici	lima belas	[lima belas]
sedici	enam belas	[enam belas]
diciassette	tujuh belas	[tudʒ'uh belas]
diciotto	delapan belas	[delapan belas]
diciannove	sembilan belas	[sembilan belas]

venti	dua puluh	[dua puluh]
ventuno	dua puluh satu	[dua puluh satu]
ventidue	dua puluh dua	[dua puluh dua]
ventitre	dua puluh tiga	[dua puluh tiga]

trenta	tiga puluh	[tiga puluh]
trentuno	tiga puluh satu	[tiga puluh satu]
trentadue	tiga puluh dua	[tiga puluh dua]
trentatre	tiga puluh tiga	[tiga puluh tiga]

quaranta	empat puluh	[empat puluh]
quarantuno	empat puluh satu	[empat puluh satu]
quarantadue	empat puluh dua	[empat puluh dua]
quarantatre	empat puluh tiga	[empat puluh tiga]
cinquanta	lima puluh	[lima puluh]

cinquantuno	**lima puluh satu**	[lima puluh satu]
cinquantadue	**lima puluh dua**	[lima puluh dua]
cinquantatre	**lima puluh tiga**	[lima puluh tiga]
sessanta	**enam puluh**	[enam puluh]
sessantuno	**enam puluh satu**	[enam puluh satu]
sessantadue	**enam puluh dua**	[enam puluh dua]
sessantatre	**enam puluh tiga**	[enam puluh tiga]
settanta	**tujuh puluh**	[tuʤʲuh puluh]
settantuno	**tujuh puluh satu**	[tuʤʲuh puluh satu]
settantadue	**tujuh puluh dua**	[tuʤʲuh puluh dua]
settantatre	**tujuh puluh tiga**	[tuʤʲuh puluh tiga]
ottanta	**delapan puluh**	[delapan puluh]
ottantuno	**delapan puluh satu**	[delapan puluh satu]
ottantadue	**delapan puluh dua**	[delapan puluh dua]
ottantatre	**delapan puluh tiga**	[delapan puluh tiga]
novanta	**sembilan puluh**	[sembilan puluh]
novantuno	**sembulan puluh satu**	[sembulan puluh satu]
novantadue	**sembilan puluh dua**	[sembilan puluh dua]
novantatre	**sembilan puluh tiga**	[sembilan puluh tiga]

4. Numeri cardinali. Parte 2

cento	**seratus**	[seratus]
duecento	**dua ratus**	[dua ratus]
trecento	**tiga ratus**	[tiga ratus]
quattrocento	**empat ratus**	[empat ratus]
cinquecento	**lima ratus**	[lima ratus]
seicento	**enam ratus**	[enam ratus]
settecento	**tujuh ratus**	[tuʤʲuh ratus]
ottocento	**delapan ratus**	[delapan ratus]
novecento	**sembilan ratus**	[sembilan ratus]
mille	**seribu**	[seribu]
duemila	**dua ribu**	[dua ribu]
tremila	**tiga ribu**	[tiga ribu]
diecimila	**sepuluh ribu**	[sepuluh ribu]
centomila	**seratus ribu**	[seratus ribu]
milione (m)	**juta**	[ʤʲuta]
miliardo (m)	**miliar**	[miliar]

5. Numeri. Frazioni

frazione (f)	**pecahan**	[petʃahan]
un mezzo	**seperdua**	[seperdua]
un terzo	**sepertiga**	[sepertiga]
un quarto	**seperempat**	[seperempat]
un ottavo	**seperdelapan**	[seperdelapan]

un decimo	sepersepuluh	[sepersepuluh]
due terzi	dua pertiga	[dua pərtiga]
tre quarti	tiga perempat	[tiga pərempat]

6. Numeri. Operazioni aritmetiche di base

sottrazione (f)	pengurangan	[peŋuraŋan]
sottrarre (vt)	mengurangkan	[məŋuraŋkan]
divisione (f)	pembagian	[pembagian]
dividere (vt)	membagi	[membagi]

addizione (f)	penambahan	[penambahan]
addizionare (vt)	menambahkan	[mənambahkan]
aggiungere (vt)	menambahkan	[mənambahkan]
moltiplicazione (f)	pengalian	[peŋalian]
moltiplicare (vt)	mengalikan	[məŋalikan]

7. Numeri. Varie

cifra (f)	angka	[aŋka]
numero (m)	nomor	[nomor]
numerale (m)	kata bilangan	[kata bilaŋan]
meno (m)	minus	[minus]
più (m)	plus	[plus]
formula (f)	rumus	[rumus]

calcolo (m)	perhitungan	[pərhituŋan]
contare (vt)	menghitung	[məŋhituŋ]
calcolare (vt)	menghitung	[məŋhituŋ]
comparare (vt)	membandingkan	[membandiŋkan]

Quanto? Quanti?	Berapa?	[bərapa?]
somma (f)	jumlah	[dʒʲumlah]
risultato (m)	hasil	[hasil]
resto (m)	sisa, baki	[sisa], [baki]
qualche ...	beberapa	[beberapa]
un po' di ...	sedikit	[sedikit]
resto (m)	selebihnya, sisanya	[selebihnja], [sisanja]
uno e mezzo	satu setengah	[satu seteŋah]
dozzina (f)	lusin	[lusin]

in due	dua bagian	[dua bagian]
in parti uguali	rata	[rata]
metà (f), mezzo (m)	setengah	[seteŋah]
volta (f)	kali	[kali]

8. I verbi più importanti. Parte 1

| accorgersi (vr) | memperhatikan | [memperhatikan] |
| afferrare (vt) | menangkap | [mənaŋkap] |

affittare (dare in affitto)	menyewa	[mənjewa]
aiutare (vt)	membantu	[membantu]
amare (qn)	mencintai	[məntʃintaj]

andare (camminare)	berjalan	[bərdʒʲalan]
annotare (vt)	mencatat	[məntʃatat]
appartenere (vi)	kepunyaan ...	[kepunjaˀan ...]
aprire (vt)	membuka	[membuka]
arrivare (vi)	datang	[dataŋ]
aspettare (vt)	menunggu	[mənuŋgu]

avere (vt)	mempunyai	[mempunjaj]
avere fame	lapar	[lapar]
avere fretta	tergesa-gesa	[tərgesa-gesa]

avere paura	takut	[takut]
avere sete	haus	[haus]
avvertire (vt)	memperingatkan	[memperiŋatkan]
cacciare (vt)	berburu	[bərburu]
cadere (vi)	jatuh	[dʒʲatuh]

cambiare (vt)	mengubah	[məŋubah]
capire (vt)	mengerti	[məŋerti]
cenare (vi)	makan malam	[makan malam]
cercare (vt)	mencari ...	[məntʃari ...]
cessare (vt)	menghentikan	[məŋhentikan]
chiedere (~ aiuto)	memanggil	[memaŋgil]

chiedere (domandare)	bertanya	[bərtanja]
cominciare (vt)	memulai, membuka	[memulaj], [membuka]
comparare (vt)	membandingkan	[membandiŋkan]
confondere (vt)	bingung membedakan	[biŋuŋ membedakan]
conoscere (qn)	kenal	[kenal]

conservare (vt)	menyimpan	[mənjimpan]
consigliare (vt)	menasihati	[mənasihati]
contare (calcolare)	menghitung	[məŋhituŋ]
contare su ...	mengharapkan ...	[məŋharapkan ...]
continuare (vt)	meneruskan	[məneruskan]

controllare (vt)	mengontrol	[məŋontrol]
correre (vi)	lari	[lari]
costare (vt)	berharga	[bərharga]
creare (vt)	menciptakan	[məntʃiptakan]
cucinare (vi)	memasak	[memasaˀ]

9. I verbi più importanti. Parte 2

dare (vt)	memberi	[memberi]
dare un suggerimento	memberi petunjuk	[memberi petundʒʲuˀ]
decorare (adornare)	menghiasi	[məŋhiasi]
difendere (~ un paese)	membela	[membela]
dimenticare (vt)	melupakan	[melupakan]
dire (~ la verità)	berkata	[bərkata]

dirigere (compagnia, ecc.)	memimpin	[memimpin]
discutere (vt)	membicarakan	[membitʃarakan]
domandare (vt)	meminta	[meminta]
dubitare (vi)	ragu-ragu	[ragu-ragu]
entrare (vi)	masuk, memasuki	[masuk], [memasuki]
esigere (vt)	menuntut	[mənuntut]
esistere (vi)	ada	[ada]
essere (~ a dieta)	sedang	[sedaŋ]
essere (~ un insegnante)	ialah, adalah	[ialah], [adalah]
essere d'accordo	setuju	[setudʒʲu]
fare (vt)	membuat	[membuat]
fare colazione	sarapan	[sarapan]
fare il bagno	berenang	[bərenaŋ]
fermarsi (vr)	berhenti	[bərhenti]
fidarsi (vr)	mempercayai	[mempertʃajaj]
finire (vt)	mengakhiri	[məɲahiri]
firmare (~ un documento)	menandatangani	[mənandataŋani]
giocare (vi)	bermain	[bərmajn]
girare (~ a destra)	membelok	[membeloʔ]
gridare (vi)	berteriak	[bərteriaʔ]
indovinare (vt)	menerka	[mənerka]
informare (vt)	menginformasikan	[məɲinformasikan]
ingannare (vt)	menipu	[mənipu]
insistere (vi)	mendesak	[məndesaʔ]
insultare (vt)	menghina	[məɲhina]
interessarsi di ...	menaruh minat pada ...	[mənaruh minat pada ...]
invitare (vt)	mengundang	[məŋundaŋ]
lamentarsi (vr)	mengeluh	[məŋeluh]
lasciar cadere	tercecer	[tərtʃetʃer]
lavorare (vi)	bekerja	[bekerdʒʲa]
leggere (vi, vt)	membaca	[membatʃa]
liberare (vt)	membebaskan	[membebaskan]

10. I verbi più importanti. Parte 3

mancare le lezioni	absen	[absen]
mandare (vt)	mengirim	[məŋirim]
menzionare (vt)	menyebut	[məɲjebut]
minacciare (vt)	mengancam	[məŋantʃam]
mostrare (vt)	menunjukkan	[mənundʒʲuʔkan]
nascondere (vt)	menyembunyikan	[məɲjembunjikan]
nuotare (vi)	berenang	[bərenaŋ]
obiettare (vt)	keberatan	[keberatan]
occorrere (vimp)	dibutuhkan	[dibutuhkan]
ordinare (~ il pranzo)	memesan	[memesan]
ordinare (mil.)	memerintahkan	[memerintahkan]
osservare (vt)	mengamati	[məɲamati]

pagare (vi, vt)	membayar	[membajar]
parlare (vi, vt)	berbicara	[bərbitʃara]
partecipare (vi)	turut serta	[turut serta]

pensare (vi, vt)	berpikir	[bərpikir]
perdonare (vt)	memaafkan	[mema'afkan]
permettere (vt)	mengizinkan	[məɲizinkan]
piacere (vi)	suka	[suka]
piangere (vi)	menangis	[mənaɲis]

pianificare (vt)	merencanakan	[merentʃanakan]
possedere (vt)	memiliki	[memiliki]
potere (v aus)	bisa	[bisa]
pranzare (vi)	makan siang	[makan siaŋ]
preferire (vt)	lebih suka	[lebih suka]

pregare (vi, vt)	bersembahyang, berdoa	[bərsembahjaŋ], [bərdoa]
prendere (vt)	mengambil	[məɲambil]
prevedere (vt)	menduga	[mənduga]
promettere (vt)	berjanji	[bərdʒandʒi]
pronunciare (vt)	melafalkan	[melafalkan]

proporre (vt)	mengusulkan	[məŋusulkan]
punire (vt)	menghukum	[məŋhukum]
raccomandare (vt)	merekomendasi	[merekomendasi]
ridere (vi)	tertawa	[tərtawa]
rifiutarsi (vr)	menolak	[mənola']

rincrescere (vi)	menyesal	[məɲjesal]
ripetere (ridire)	mengulangi	[məŋulaŋi]
riservare (vt)	memesan	[memesan]
rispondere (vi, vt)	menjawab	[məndʒawab]
rompere (spaccare)	memecahkan	[memetʃahkan]
rubare (~ i soldi)	mencuri	[məntʃuri]

11. I verbi più importanti. Parte 4

salvare (~ la vita a qn)	menyelamatkan	[mənjelamatkan]
sapere (vt)	tahu	[tahu]
sbagliare (vi)	salah	[salah]
scavare (vt)	menggali	[məŋgali]
scegliere (vt)	memilih	[memilih]

scendere (vi)	turun	[turun]
scherzare (vi)	bergurau	[bərgurau]
scrivere (vt)	menulis	[mənulis]
scusare (vt)	memaafkan	[mema'afkan]
scusarsi (vr)	meminta maaf	[meminta ma'af]

sedersi (vr)	duduk	[dudu']
seguire (vt)	mengikuti …	[məɲikuti …]
sgridare (vt)	memarahi, menegur	[memarahi], [menegur]
significare (vt)	berarti	[bərarti]
sorridere (vi)	tersenyum	[tərsenyum]

sottovalutare (vt)	meremehkan	[meremehkan]
sparare (vi)	menembak	[mənembaʔ]
sperare (vi, vt)	berharap	[bərharap]
spiegare (vt)	menjelaskan	[mənʤˈelaskan]
studiare (vt)	mempelajari	[mempeladʒˈari]

stupirsi (vr)	heran	[heran]
tacere (vi)	diam	[diam]
tentare (vt)	mencoba	[mənʧoba]
toccare (~ con le mani)	menyentuh	[mənjentuh]
tradurre (vt)	menerjemahkan	[mənerdʒˈemahkan]

trovare (vt)	menemukan	[mənemukan]
uccidere (vt)	membunuh	[membunuh]
udire (percepire suoni)	mendengar	[mendeŋar]
unire (vt)	menyatukan	[mənjatukan]
uscire (vi)	keluar	[keluar]

vantarsi (vr)	membual	[membual]
vedere (vt)	melihat	[melihat]
vendere (vt)	menjual	[mənʤˈual]
volare (vi)	terbang	[tərbaŋ]
volere (desiderare)	mau, ingin	[mau], [iŋin]

12. Colori

colore (m)	warna	[warna]
sfumatura (f)	nuansa	[nuansa]
tono (m)	warna	[warna]
arcobaleno (m)	pelangi	[pelaŋi]

bianco (agg)	putih	[putih]
nero (agg)	hitam	[hitam]
grigio (agg)	kelabu	[kelabu]

verde (agg)	hijau	[hidʒˈau]
giallo (agg)	kuning	[kuniŋ]
rosso (agg)	merah	[merah]

blu (agg)	biru	[biru]
azzurro (agg)	biru muda	[biru muda]
rosa (agg)	pink	[pinʔ]
arancione (agg)	oranye, jingga	[oranje], [dʒiŋga]
violetto (agg)	violet, ungu muda	[violet], [uŋu muda]
marrone (agg)	cokelat	[ʧokelat]

d'oro (agg)	keemasan	[keemasan]
argenteo (agg)	keperakan	[keperakan]

beige (agg)	abu-abu kecokelatan	[abu-abu keʧokelatan]
color crema (agg)	krem	[krem]
turchese (agg)	pirus	[pirus]
rosso ciliegia (agg)	merah tua	[merah tua]
lilla (agg)	ungu	[uŋu]

rosso lampone (agg)	merah lembayung	[merah lembajuŋ]
chiaro (agg)	terang	[teraŋ]
scuro (agg)	gelap	[gelap]
vivo, vivido (agg)	terang	[teraŋ]

colorato (agg)	berwarna	[bərwarna]
a colori	warna	[warna]
bianco e nero (agg)	hitam-putih	[hitam-putih]
in tinta unita	polos, satu warna	[polos], [satu warna]
multicolore (agg)	berwarna-warni	[bərwarna-warni]

13. Domande

Chi?	Siapa?	[siapa?]
Che cosa?	Apa?	[apa?]
Dove? (in che luogo?)	Di mana?	[di mana?]
Dove? (~ vai?)	Ke mana?	[ke mana?]
Di dove?, Da dove?	Dari mana?	[dari mana?]
Quando?	Kapan?	[kapan?]
Perché? (per quale scopo?)	Mengapa?	[məŋapa?]
Perché? (per quale ragione?)	Mengapa?	[məŋapa?]

Per che cosa?	Untuk apa?	[untu' apa?]
Come?	Bagaimana?	[bagajmana?]
Che? (~ colore è?)	Apa? Yang mana?	[apa?], [yaŋ mana?]
Quale?	Yang mana?	[yaŋ mana?]

A chi?	Kepada siapa? Untuk siapa?	[kepada siapa?], [untu' siapa?]

Di chi?	Tentang siapa?	[tentaŋ siapa?]
Di che cosa?	Tentang apa?	[tentaŋ apa?]
Con chi?	Dengan siapa?	[deŋan siapa?]

Quanti?, Quanto?	Berapa?	[bərapa?]
Di chi?	Milik siapa?	[mili' siapa?]

14. Parole grammaticali. Avverbi. Parte 1

Dove?	Di mana?	[di mana?]
qui (in questo luogo)	di sini	[di sini]
lì (in quel luogo)	di sana	[di sana]

da qualche parte (essere ~)	di suatu tempat	[di suatu tempat]
da nessuna parte	tak ada di mana pun	[ta' ada di mana pun]

vicino a ...	dekat	[dekat]
vicino alla finestra	dekat jendela	[dekat dʒʲendela]

Dove?	Ke mana?	[ke mana?]
qui (vieni ~)	ke sini	[ke sini]
ci (~ vado stasera)	ke sana	[ke sana]
da qui	dari sini	[dari sini]

da lì	dari sana	[dari sana]
vicino, accanto (avv)	dekat	[dekat]
lontano (avv)	jauh	[dʒiauh]

vicino (~ a Parigi)	dekat	[dekat]
vicino (qui ~)	dekat	[dekat]
non lontano	tidak jauh	[tidaʔ dʒiauh]

sinistro (agg)	kiri	[kiri]
a sinistra (rimanere ~)	di kiri	[di kiri]
a sinistra (girare ~)	ke kiri	[ke kiri]

destro (agg)	kanan	[kanan]
a destra (rimanere ~)	di kanan	[di kanan]
a destra (girare ~)	ke kanan	[ke kanan]

davanti	di depan	[di depan]
anteriore (agg)	depan	[depan]
avanti	ke depan	[ke depan]

dietro (avv)	di belakang	[di belakaŋ]
da dietro	dari belakang	[dari belakaŋ]
indietro	mundur	[mundur]

| mezzo (m), centro (m) | tengah | [teŋah] |
| in mezzo, al centro | di tengah | [di teŋah] |

di fianco	di sisi, di samping	[di sisi], [di sampiŋ]
dappertutto	di mana-mana	[di mana-mana]
attorno	di sekitar	[di sekitar]

da dentro	dari dalam	[dari dalam]
da qualche parte (andare ~)	ke suatu tempat	[ke suatu tempat]
dritto (direttamente)	terus	[terus]
indietro	kembali	[kembali]

| da qualsiasi parte | dari mana pun | [dari mana pun] |
| da qualche posto (veniamo ~) | dari suatu tempat | [dari suatu tempat] |

in primo luogo	pertama	[pertama]
in secondo luogo	kedua	[kedua]
in terzo luogo	ketiga	[ketiga]

all'improvviso	tiba-tiba	[tiba-tiba]
all'inizio	mula-mula	[mula-mula]
per la prima volta	untuk pertama kalinya	[untuʔ pertama kalinja]
molto tempo prima di...	jauh sebelum ...	[dʒiauh sebelum ...]
di nuovo	kembali	[kembali]
per sempre	untuk selama-lamanya	[untuʔ selama-lamanja]

mai	tidak pernah	[tidaʔ pernah]
ancora	lagi, kembali	[lagi], [kembali]
adesso	sekarang	[sekaraŋ]
spesso (avv)	sering, seringkali	[seriŋ], [seriŋkali]
allora	ketika itu	[ketika itu]

urgentemente	segera	[segera]
di solito	biasanya	[biasanja]

a proposito, ...	ngomong-ngomong ...	[ŋomoŋ-ŋomoŋ ...]
è possibile	mungkin	[muŋkin]
probabilmente	mungkin	[muŋkin]
forse	mungkin	[muŋkin]
inoltre ...	selain itu ...	[selajn itu ...]
ecco perché ...	karena itu ...	[karena itu ...]
nonostante (~ tutto)	meskipun ...	[meskipun ...]
grazie a ...	berkat ...	[berkat ...]

che cosa (pron)	apa	[apa]
che (cong)	bahwa	[bahwa]
qualcosa (qualsiasi cosa)	sesuatu	[sesuatu]
qualcosa (le serve ~?)	sesuatu	[sesuatu]
niente	tidak sesuatu pun	[tida' sesuatu pun]

chi (pron)	siapa	[siapa]
qualcuno (annuire a ~)	seseorang	[seseoraŋ]
qualcuno (dipendere da ~)	seseorang	[seseoraŋ]

nessuno	tidak seorang pun	[tida' seoraŋ pun]
da nessuna parte	tidak ke mana pun	[tida' ke mana pun]
di nessuno	tidak milik siapa pun	[tida' mili' siapa pun]
di qualcuno	milik seseorang	[mili' seseoraŋ]

così (era ~ arrabbiato)	sangat	[saŋat]
anche (penso ~ a ...)	juga	[dʒⁱuga]
anche, pure	juga	[dʒⁱuga]

15. Parole grammaticali. Avverbi. Parte 2

Perché?	Mengapa?	[məŋapa?]
per qualche ragione	entah mengapa	[entah məŋapa]
perché ...	karena ...	[karena ...]
per qualche motivo	untuk tujuan tertentu	[untu' tudʒⁱuan tərtentu]

e (cong)	dan	[dan]
o (sì ~ no?)	atau	[atau]
ma (però)	tetapi, namun	[tetapi], [namun]
per (~ me)	untuk	[untu']

troppo	terlalu	[tərlalu]
solo (avv)	hanya	[hanja]
esattamente	tepat	[tepat]
circa (~ 10 dollari)	sekitar	[sekitar]

approssimativamente	kira-kira	[kira-kira]
approssimativo (agg)	kira-kira	[kira-kira]
quasi	hampir	[hampir]
resto	selebihnya, sisanya	[selebihnja], [sisanja]
l'altro (~ libro)	kedua	[kedua]
altro (differente)	lain	[lain]

ogni (agg)	setiap	[setiap]
qualsiasi (agg)	sebarang	[sebaraŋ]
molti, molto	banyak	[banja']
molta gente	banyak orang	[banja' oraŋ]
tutto, tutti	semua	[semua]
in cambio di …	sebagai ganti …	[sebagaj ganti …]
in cambio	sebagai gantinya	[sebagaj gantinja]
a mano (fatto ~)	dengan tangan	[deŋan taŋan]
poco probabile	hampir tidak	[hampir tida']
probabilmente	mungkin	[muŋkin]
apposta	sengaja	[seŋadʒ'a]
per caso	tidak sengaja	[tida' seŋadʒ'a]
molto (avv)	sangat	[saŋat]
per esempio	misalnya	[misalnja]
fra (~ due)	antara	[antara]
fra (~ più di due)	di antara	[di antara]
tanto (quantità)	banyak sekali	[banja' sekali]
soprattutto	terutama	[terutama]

Concetti di base. Parte 2

16. Giorni della settimana

lunedì (m)	Hari Senin	[hari senin]
martedì (m)	Hari Selasa	[hari selasa]
mercoledì (m)	Hari Rabu	[hari rabu]
giovedì (m)	Hari Kamis	[hari kamis]
venerdì (m)	Hari Jumat	[hari ʤ'umat]
sabato (m)	Hari Sabtu	[hari sabtu]
domenica (f)	Hari Minggu	[hari miŋgu]
oggi (avv)	hari ini	[hari ini]
domani	besok	[beso']
dopodomani	besok lusa	[beso' lusa]
ieri (avv)	kemarin	[kemarin]
l'altro ieri	kemarin dulu	[kemarin dulu]
giorno (m)	hari	[hari]
giorno (m) lavorativo	hari kerja	[hari kerʤ'a]
giorno (m) festivo	hari libur	[hari libur]
giorno (m) di riposo	hari libur	[hari libur]
fine (m) settimana	akhir pekan	[ahir pekan]
tutto il giorno	seharian	[seharian]
l'indomani	hari berikutnya	[hari bərikutnja]
due giorni fa	dua hari lalu	[dua hari lalu]
il giorno prima	hari sebelumnya	[hari sebelumnja]
quotidiano (agg)	harian	[harian]
ogni giorno	tiap hari	[tiap hari]
settimana (f)	minggu	[miŋgu]
la settimana scorsa	minggu lalu	[miŋgu lalu]
la settimana prossima	minggu berikutnya	[miŋgu bərikutnja]
settimanale (agg)	mingguan	[miŋguan]
ogni settimana	tiap minggu	[tiap miŋgu]
due volte alla settimana	dua kali seminggu	[dua kali semiŋgu]
ogni martedì	tiap Hari Selasa	[tiap hari selasa]

17. Ore. Giorno e notte

mattina (f)	pagi	[pagi]
di mattina	pada pagi hari	[pada pagi hari]
mezzogiorno (m)	tengah hari	[teŋah hari]
nel pomeriggio	pada sore hari	[pada sore hari]
sera (f)	sore, malam	[sore], [malam]
di sera	waktu sore	[waktu sore]

notte (f)	malam	[malam]
di notte	pada malam hari	[pada malam hari]
mezzanotte (f)	tengah malam	[teŋah malam]

secondo (m)	detik	[deti']
minuto (m)	menit	[menit]
ora (f)	jam	[dʒˈam]
mezzora (f)	setengah jam	[seteŋah dʒˈam]
un quarto d'ora	seperempat jam	[seperempat dʒˈam]
quindici minuti	lima belas menit	[lima belas menit]
ventiquattro ore	siang-malam	[siaŋ-malam]

levata (f) del sole	matahari terbit	[matahari tərbit]
alba (f)	subuh	[subuh]
mattutino (m)	dini pagi	[dini pagi]
tramonto (m)	matahari terbenam	[matahari tərbenam]

di buon mattino	pagi-pagi	[pagi-pagi]
stamattina	pagi ini	[pagi ini]
domattina	besok pagi	[beso' pagi]
oggi pomeriggio	sore ini	[sore ini]
nel pomeriggio	pada sore hari	[pada sore hari]
domani pomeriggio	besok sore	[beso' sore]
stasera	sore ini	[sore ini]
domani sera	besok malam	[beso' malam]

alle tre precise	pukul 3 tepat	[pukul tiga tepat]
verso le quattro	sekitar pukul 4	[sekitar pukul empat]
per le dodici	pada pukul 12	[pada pukul belas]

fra venti minuti	dalam 20 menit	[dalam dua puluh menit]
fra un'ora	dalam satu jam	[dalam satu dʒˈam]
puntualmente	tepat waktu	[tepat waktu]

un quarto di ...	... kurang seperempat	[... kuraŋ seperempat]
entro un'ora	selama sejam	[selama sedʒˈam]
ogni quindici minuti	tiap 15 menit	[tiap lima belas menit]
giorno e notte	siang-malam	[siaŋ-malam]

18. Mesi. Stagioni

gennaio (m)	Januari	[dʒˈanuari]
febbraio (m)	Februari	[februari]
marzo (m)	Maret	[maret]
aprile (m)	April	[april]
maggio (m)	Mei	[mei]
giugno (m)	Juni	[dʒˈuni]

luglio (m)	Juli	[dʒˈuli]
agosto (m)	Augustus	[augustus]
settembre (m)	September	[september]
ottobre (m)	Oktober	[oktober]
novembre (m)	November	[november]
dicembre (m)	Desember	[desember]

primavera (f)	musim semi	[musim semi]
in primavera	pada musim semi	[pada musim semi]
primaverile (agg)	musim semi	[musim semi]
estate (f)	musim panas	[musim panas]
in estate	pada musim panas	[pada musim panas]
estivo (agg)	musim panas	[musim panas]
autunno (m)	musim gugur	[musim gugur]
in autunno	pada musim gugur	[pada musim gugur]
autunnale (agg)	musim gugur	[musim gugur]
inverno (m)	musim dingin	[musim diŋin]
in inverno	pada musim dingin	[pada musim diŋin]
invernale (agg)	musim dingin	[musim diŋin]
mese (m)	bulan	[bulan]
questo mese	bulan ini	[bulan ini]
il mese prossimo	bulan depan	[bulan depan]
il mese scorso	bulan lalu	[bulan lalu]
un mese fa	sebulan lalu	[sebulan lalu]
fra un mese	dalam satu bulan	[dalam satu bulan]
fra due mesi	dalam 2 bulan	[dalam dua bulan]
un mese intero	sepanjang bulan	[sepandʒ¡aŋ bulan]
per tutto il mese	sebulan penuh	[sebulan penuh]
mensile (rivista ~)	bulanan	[bulanan]
mensilmente	tiap bulan	[tiap bulan]
ogni mese	tiap bulan	[tiap bulan]
due volte al mese	dua kali sebulan	[dua kali sebulan]
anno (m)	tahun	[tahun]
quest'anno	tahun ini	[tahun ini]
l'anno prossimo	tahun depan	[tahun depan]
l'anno scorso	tahun lalu	[tahun lalu]
un anno fa	setahun lalu	[setahun lalu]
fra un anno	dalam satu tahun	[dalam satu tahun]
fra due anni	dalam 2 tahun	[dalam dua tahun]
un anno intero	sepanjang tahun	[sepandʒ¡aŋ tahun]
per tutto l'anno	setahun penuh	[setahun penuh]
ogni anno	tiap tahun	[tiap tahun]
annuale (agg)	tahunan	[tahunan]
annualmente	tiap tahun	[tiap tahun]
quattro volte all'anno	empat kali setahun	[empat kali setahun]
data (f) (~ di oggi)	tanggal	[taŋgal]
data (f) (~ di nascita)	tanggal	[taŋgal]
calendario (m)	kalender	[kalender]
mezz'anno (m)	setengah tahun	[seteŋah tahun]
semestre (m)	enam bulan	[enam bulan]
stagione (f) (estate, ecc.)	musim	[musim]
secolo (m)	abad	[abad]

19. Orario. Varie

tempo (m)	**waktu**	[waktu]
istante (m)	**sekejap**	[sekedʒiap]
momento (m)	**saat, waktu**	[sa'at], [waktu]
istantaneo (agg)	**seketika**	[seketika]
periodo (m)	**jangka waktu**	[dʒiaŋka waktu]
vita (f)	**kehidupan, hidup**	[kehidupan], [hidup]
eternità (f)	**keabadiaan**	[keabadia'an]
epoca (f)	**zaman**	[zaman]
era (f)	**era**	[era]
ciclo (m)	**siklus**	[siklus]
periodo (m)	**periode, kurun waktu**	[periode], [kurun waktu]
scadenza (f)	**jangka waktu**	[dʒiaŋka waktu]
futuro (m)	**masa depan**	[masa depan]
futuro (agg)	**yang akan datang**	[yaŋ akan dataŋ]
la prossima volta	**lain kali**	[lain kali]
passato (m)	**masa lalu**	[masa lalu]
scorso (agg)	**lalu**	[lalu]
la volta scorsa	**terakhir kali**	[terahir kali]
più tardi	**kemudian**	[kemudian]
dopo	**sesudah**	[sesudah]
oggigiorno	**sekarang**	[sekaraŋ]
adesso, ora	**saat ini**	[sa'at ini]
immediatamente	**segera**	[segera]
fra poco, presto	**segera**	[segera]
in anticipo	**sebelumnya**	[sebelumnja]
tanto tempo fa	**dahulu kala**	[dahulu kala]
di recente	**baru-baru ini**	[baru-baru ini]
destino (m)	**nasib**	[nasib]
ricordi (m pl)	**kenang-kenangan**	[kenaŋ-kenaŋan]
archivio (m)	**arsip**	[arsip]
durante ...	**selama ...**	[selama ...]
a lungo	**lama**	[lama]
per poco tempo	**tidak lama**	[tida' lama]
presto (al mattino ~)	**pagi-pagi**	[pagi-pagi]
tardi (non presto)	**terlambat**	[terlambat]
per sempre	**untuk selama-lamanya**	[untu' selama-lamanja]
cominciare (vt)	**memulai**	[memulaj]
posticipare (vt)	**menunda**	[menunda]
simultaneamente	**serentak**	[serenta']
tutto il tempo	**tetap**	[tetap]
costante (agg)	**terus menerus**	[terus menerus]
temporaneo (agg)	**sementara**	[sementara]
a volte	**kadang-kadang**	[kadaŋ-kadaŋ]
raramente	**jarang**	[dʒiaraŋ]
spesso (avv)	**sering, seringkali**	[seriŋ], [seriŋkali]

20. Contrari

ricco (agg)	kaya	[kaja]
povero (agg)	miskin	[miskin]
malato (agg)	sakit	[sakit]
sano (agg)	sehat	[sehat]
grande (agg)	besar	[besar]
piccolo (agg)	kecil	[ketʃil]
rapidamente	cepat	[tʃepat]
lentamente	perlahan-lahan	[pərlahan-lahan]
veloce (agg)	cepat	[tʃepat]
lento (agg)	lambat	[lambat]
allegro (agg)	riang	[riaŋ]
triste (agg)	sedih	[sedih]
insieme	bersama	[bərsama]
separatamente	terpisah	[tərpisah]
ad alta voce (leggere ~)	dengan keras	[deŋan keras]
in silenzio	dalam hati	[dalam hati]
alto (agg)	tinggi	[tiŋgi]
basso (agg)	rendah	[rendah]
profondo (agg)	dalam	[dalam]
basso (agg)	dangkal	[daŋkal]
sì	ya	[ya]
no	tidak	[tidaʔ]
lontano (agg)	jauh	[dʒ'auh]
vicino (agg)	dekat	[dekat]
lontano (avv)	jauh	[dʒ'auh]
vicino (avv)	dekat	[dekat]
lungo (agg)	panjang	[pandʒ'aŋ]
corto (agg)	pendek	[pendeʔ]
buono (agg)	baik hati	[baj' hati]
cattivo (agg)	jahat	[dʒ'ahat]
sposato (agg)	menikah	[mənikah]
celibe (agg)	bujang	[budʒ'aŋ]
vietare (vt)	melarang	[melaraŋ]
permettere (vt)	mengizinkan	[məŋizinkan]
fine (f)	akhir	[ahir]
inizio (m)	permulaan	[pərmula'an]

| sinistro (agg) | kiri | [kiri] |
| destro (agg) | kanan | [kanan] |

| primo (agg) | pertama | [pertama] |
| ultimo (agg) | terakhir | [terahir] |

| delitto (m) | kejahatan | [keʤahatan] |
| punizione (f) | hukuman | [hukuman] |

| ordinare (vt) | memerintahkan | [memerintahkan] |
| obbedire (vi) | mematuhi | [mematuhi] |

| dritto (agg) | lurus | [lurus] |
| curvo (agg) | melengkung | [meleŋkuŋ] |

| paradiso (m) | surga | [surga] |
| inferno (m) | neraka | [neraka] |

| nascere (vi) | lahir | [lahir] |
| morire (vi) ´ | mati, meninggal | [mati], [meniŋgal] |

| forte (agg) | kuat | [kuat] |
| debole (agg) | lemah | [lemah] |

| vecchio (agg) | tua | [tua] |
| giovane (agg) | muda | [muda] |

| vecchio (agg) | tua | [tua] |
| nuovo (agg) | baru | [baru] |

| duro (agg) | keras | [keras] |
| morbido (agg) | lunak | [lunaʔ] |

| caldo (agg) | hangat | [haŋat] |
| freddo (agg) | dingin | [diŋin] |

| grasso (agg) | gemuk | [gemuʔ] |
| magro (agg) | kurus | [kurus] |

| stretto (agg) | sempit | [sempit] |
| largo (agg) | lebar | [lebar] |

| buono (agg) | baik | [bajʔ] |
| cattivo (agg) | buruk | [buruʔ] |

| valoroso (agg) | pemberani | [pemberani] |
| codardo (agg) | penakut | [penakut] |

21. Linee e forme

quadrato (m)	bujur sangkar	[buʤur saŋkar]
quadrato (agg)	persegi	[persegi]
cerchio (m)	lingkaran	[liŋkaran]
rotondo (agg)	bundar	[bundar]

| triangolo (m) | segi tiga | [segi tiga] |
| triangolare (agg) | segi tiga | [segi tiga] |

ovale (m)	oval	[oval]
ovale (agg)	oval	[oval]
rettangolo (m)	segi empat	[segi empat]
rettangolare (agg)	siku-siku	[siku-siku]

piramide (f)	piramida	[piramida]
rombo (m)	rombus	[rombus]
trapezio (m)	trapesium	[trapesium]
cubo (m)	kubus	[kubus]
prisma (m)	prisma	[prisma]

circonferenza (f)	lingkar	[liŋkar]
sfera (f)	bulatan	[bulatan]
palla (f)	bola	[bola]

diametro (m)	diameter	[diameter]
raggio (m)	radius, jari-jari	[radius], [dʒiari-dʒiari]
perimetro (m)	perimeter	[pərimeter]
centro (m)	pusat	[pusat]

orizzontale (agg)	horizontal, mendatar	[horizontal], [mendatar]
verticale (agg)	vertikal, tegak lurus	[vertikal], [tega? lurus]
parallela (f)	sejajar	[sedʒiadʒiar]
parallelo (agg)	sejajar	[sedʒiadʒiar]

linea (f)	garis	[garis]
tratto (m)	garis	[garis]
linea (f) retta	garis lurus	[garis lurus]
linea (f) curva	garis lengkung	[garis leŋkuŋ]
sottile (uno strato ~)	tipis	[tipis]
contorno (m)	kontur	[kontur]

intersezione (f)	titik potong	[titi? potoŋ]
angolo (m) retto	sudut siku-siku	[sudut siku-siku]
segmento	segmen	[segmen]
settore (m)	sektor	[sektor]
lato (m)	segi	[segi]
angolo (m)	sudut	[sudut]

22. Unità di misura

peso (m)	berat	[berat]
lunghezza (f)	panjang	[pandʒiaŋ]
larghezza (f)	lebar	[lebar]
altezza (f)	ketinggian	[ketiŋgian]
profondità (f)	kedalaman	[kedalaman]
volume (m)	volume, isi	[volume], [isi]
area (f)	luas	[luas]

| grammo (m) | gram | [gram] |
| milligrammo (m) | miligram | [miligram] |

chilogrammo (m)	kilogram	[kilogram]
tonnellata (f)	ton	[ton]
libbra (f)	pon	[pon]
oncia (f)	ons	[ons]

metro (m)	meter	[meter]
millimetro (m)	milimeter	[milimeter]
centimetro (m)	sentimeter	[sentimeter]
chilometro (m)	kilometer	[kilometer]
miglio (m)	mil	[mil]

pollice (m)	inci	[intʃi]
piede (f)	kaki	[kaki]
iarda (f)	yard	[yard]

| metro (m) quadro | meter persegi | [meter pərsegi] |
| ettaro (m) | hektar | [hektar] |

litro (m)	liter	[liter]
grado (m)	derajat	[deradʒ‍at]
volt (m)	volt	[volt]
ampere (m)	ampere	[ampere]
cavallo vapore (m)	tenaga kuda	[tenaga kuda]

quantità (f)	kuantitas	[kuantitas]
un po' di ...	sedikit ...	[sedikit ...]
metà (f)	setengah	[seteŋah]
dozzina (f)	lusin	[lusin]
pezzo (m)	buah	[buah]

| dimensione (f) | ukuran | [ukuran] |
| scala (f) (modello in ~) | skala | [skala] |

minimo (agg)	minimal	[minimal]
minore (agg)	terkecil	[tərketʃil]
medio (agg)	sedang	[sedaŋ]
massimo (agg)	maksimal	[maksimal]
maggiore (agg)	terbesar	[tərbesar]

23. Contenitori

barattolo (m) di vetro	gelas	[gelas]
latta, lattina (f)	kaleng	[kaleŋ]
secchio (m)	ember	[ember]
barile (m), botte (f)	tong	[toŋ]

catino (m)	baskom	[baskom]
serbatoio (m) (per liquidi)	tangki	[taŋki]
fiaschetta (f)	pelples	[pelples]
tanica (f)	jeriken	[dʒ‍eriken]
cisterna (f)	tangki	[taŋki]

| tazza (f) | mangkuk | [maŋku‌ʔ] |
| tazzina (f) (~ di caffé) | cangkir | [tʃaŋkir] |

piattino (m)	alas cangkir	[alas ʧaŋkir]
bicchiere (m) (senza stelo)	gelas	[gelas]
calice (m)	gelas anggur	[gelas aŋgur]
casseruola (f)	panci	[panʧi]

| bottiglia (f) | botol | [botol] |
| collo (m) (~ della bottiglia) | leher | [leher] |

caraffa (f)	karaf	[karaf]
brocca (f)	kendi	[kendi]
recipiente (m)	wadah	[wadah]
vaso (m) di coccio	pot	[pot]
vaso (m) di fiori	vas	[vas]

boccetta (f) (~ di profumo)	botol	[botol]
fiala (f)	botol kecil	[botol keʧil]
tubetto (m)	tabung	[tabuŋ]

sacco (m) (~ di patate)	karung	[karuŋ]
sacchetto (m) (~ di plastica)	kantong	[kantoŋ]
pacchetto (m) (~ di sigarette, ecc.)	bungkus	[buŋkus]

scatola (f) (~ per scarpe)	kotak, kardus	[kotak], [kardus]
cassa (f) (~ di vino, ecc.)	kotak	[kotaʔ]
cesta (f)	bakul	[bakul]

24. Materiali

materiale (m)	bahan	[bahan]
legno (m)	kayu	[kaju]
di legno	kayu	[kaju]

| vetro (m) | kaca | [kaʧa] |
| di vetro | kaca | [kaʧa] |

| pietra (f) | batu | [batu] |
| di pietra | batu | [batu] |

| plastica (f) | plastik | [plastiʔ] |
| di plastica | plastik | [plastiʔ] |

| gomma (f) | karet | [karet] |
| di gomma | karet | [karet] |

| stoffa (f) | kain | [kain] |
| di stoffa | kain | [kain] |

| carta (f) | kertas | [kertas] |
| di carta | kertas | [kertas] |

cartone (m)	karton	[karton]
di cartone	karton	[karton]
polietilene (m)	polietilena	[polietilena]

cellofan (m)	selofana	[selofana]
linoleum (m)	linoleum	[linoleum]
legno (m) compensato	kayu lapis	[kaju lapis]

porcellana (f)	porselen	[porselen]
di porcellana	porselen	[porselen]
argilla (f)	tanah liat	[tanah liat]
d'argilla	gerabah	[gerabah]
ceramica (f)	keramik	[kerami']
ceramico	keramik	[kerami']

25. Metalli

metallo (m)	logam	[logam]
metallico	logam	[logam]
lega (f)	aloi, lakur	[aloy], [lakur]

oro (m)	emas	[emas]
d'oro	emas	[emas]
argento (m)	perak	[pera']
d'argento	perak	[pera']

ferro (m)	besi	[besi]
di ferro	besi	[besi]
acciaio (m)	baja	[badʒia]
d'acciaio	baja	[badʒia]
rame (m)	tembaga	[tembaga]
di rame	tembaga	[tembaga]

alluminio (m)	aluminium	[aluminium]
di alluminio, alluminico	aluminium	[aluminium]
bronzo (m)	perunggu	[peruŋgu]
di bronzo	perunggu	[peruŋgu]

ottone (m)	kuningan	[kuniŋan]
nichel (m)	nikel	[nikel]
platino (m)	platinum	[platinum]
mercurio (m)	air raksa	[air raksa]
stagno (m)	timah	[timah]
piombo (m)	timbal	[timbal]
zinco (m)	seng	[seŋ]

ESSERE UMANO

Essere umano. Il corpo umano

26. L'uomo. Concetti di base

uomo (m) (essere umano)	manusia	[manusia]
uomo (m) (adulto maschio)	laki-laki, pria	[laki-laki], [pria]
donna (f)	perempuan, wanita	[pərempuan], [wanita]
bambino (m) (figlio)	anak	[anaʔ]
bambina (f)	anak perempuan	[anaʔ pərempuan]
bambino (m)	anak laki-laki	[anaʔ laki-laki]
adolescente (m, f)	remaja	[remadʒia]
vecchio (m)	lelaki tua	[lelaki tua]
vecchia (f)	perempuan tua	[pərempuan tua]

27. Anatomia umana

organismo (m)	organisme	[organisme]
cuore (m)	jantung	[dʒiantuŋ]
sangue (m)	darah	[darah]
arteria (f)	arteri, pembuluh darah	[arteri], [pembuluh darah]
vena (f)	vena	[vena]
cervello (m)	otak	[otaʔ]
nervo (m)	saraf	[saraf]
nervi (m pl)	saraf	[saraf]
vertebra (f)	ruas	[ruas]
colonna (f) vertebrale	tulang belakang	[tulaŋ belakaŋ]
stomaco (m)	lambung	[lambuŋ]
intestini (m pl)	usus	[usus]
intestino (m)	usus	[usus]
fegato (m)	hati	[hati]
rene (m)	ginjal	[gindʒial]
osso (m)	tulang	[tulaŋ]
scheletro (m)	skelet, rangka	[skelet], [raŋka]
costola (f)	tulang rusuk	[tulaŋ rusuʔ]
cranio (m)	tengkorak	[teŋkoraʔ]
muscolo (m)	otot	[otot]
bicipite (m)	bisep	[bisep]
tricipite (m)	trisep	[trisep]
tendine (m)	tendon	[tendon]
articolazione (f)	sendi	[sendi]

polmoni (m pl)	paru-paru	[paru-paru]
genitali (m pl)	kemaluan	[kemaluan]
pelle (f)	kulit	[kulit]

28. Testa

testa (f)	kepala	[kepala]
viso (m)	wajah	[wadʒ¹ah]
naso (m)	hidung	[hiduŋ]
bocca (f)	mulut	[mulut]

occhio (m)	mata	[mata]
occhi (m pl)	mata	[mata]
pupilla (f)	pupil, biji mata	[pupil], [bidʒi mata]
sopracciglio (m)	alis	[alis]
ciglio (m)	bulu mata	[bulu mata]
palpebra (f)	kelopak mata	[kelopaʼ mata]

lingua (f)	lidah	[lidah]
dente (m)	gigi	[gigi]
labbra (f pl)	bibir	[bibir]
zigomi (m pl)	tulang pipi	[tulaŋ pipi]
gengiva (f)	gusi	[gusi]
palato (m)	langit-langit mulut	[laŋit-laŋit mulut]

narici (f pl)	lubang hidung	[lubaŋ hiduŋ]
mento (m)	dagu	[dagu]
mascella (f)	rahang	[rahaŋ]
guancia (f)	pipi	[pipi]

fronte (f)	dahi	[dahi]
tempia (f)	pelipis	[pelipis]
orecchio (m)	telinga	[teliŋa]
nuca (f)	tengkuk	[teŋkuʼ]
collo (m)	leher	[leher]
gola (f)	tenggorok	[teŋgoroʼ]

capelli (m pl)	rambut	[rambut]
pettinatura (f)	tatanan rambut	[tatanan rambut]
taglio (m)	potongan rambut	[potoŋan rambut]
parrucca (f)	wig, rambut palsu	[wig], [rambut palsu]

baffi (m pl)	kumis	[kumis]
barba (f)	janggut	[dʒ¹aŋgut]
portare (~ la barba, ecc.)	memelihara	[memelihara]
treccia (f)	kepang	[kepaŋ]
basette (f pl)	brewok	[brewoʼ]

rosso (agg)	merah pirang	[merah piraŋ]
brizzolato (agg)	beruban	[beruban]
calvo (agg)	botak, plontos	[botak], [plontos]
calvizie (f)	botak	[botaʼ]
coda (f) di cavallo	ekor kuda	[ekor kuda]
frangetta (f)	poni rambut	[poni rambut]

29. Corpo umano

mano (f)	tangan	[taŋan]
braccio (m)	lengan	[leŋan]
dito (m)	jari	[dʒʲari]
dito (m) del piede	jari	[dʒʲari]
pollice (m)	jempol	[dʒʲempol]
mignolo (m)	jari kelingking	[dʒʲari keliŋkiŋ]
unghia (f)	kuku	[kuku]
pugno (m)	kepalan tangan	[kepalan taŋan]
palmo (m)	telapak	[telapaʔ]
polso (m)	pergelangan	[pərgelaŋan]
avambraccio (m)	lengan bawah	[leŋan bawah]
gomito (m)	siku	[siku]
spalla (f)	bahu	[bahu]
gamba (f)	kaki	[kaki]
pianta (f) del piede	telapak kaki	[telapaʔ kaki]
ginocchio (m)	lutut	[lutut]
polpaccio (m)	betis	[betis]
anca (f)	paha	[paha]
tallone (m)	tumit	[tumit]
corpo (m)	tubuh	[tubuh]
pancia (f)	perut	[perut]
petto (m)	dada	[dada]
seno (m)	payudara	[pajudara]
fianco (m)	rusuk	[rusuʔ]
schiena (f)	punggung	[puŋguŋ]
zona (f) lombare	pinggang bawah	[piŋgaŋ bawah]
vita (f)	pinggang	[piŋgaŋ]
ombelico (m)	pusar	[pusar]
natiche (f pl)	pantat	[pantat]
sedere (m)	pantat	[pantat]
neo (m)	tanda lahir	[tanda lahir]
voglia (f) (~ di fragola)	tanda lahir	[tanda lahir]
tatuaggio (m)	tato	[tato]
cicatrice (f)	parut luka	[parut luka]

Abbigliamento e Accessori

30. Indumenti. Soprabiti

vestiti (m pl)	pakaian	[pakajan]
soprabito (m)	pakaian luar	[pakajan luar]
abiti (m pl) invernali	pakaian musim dingin	[pakajan musim diŋin]
cappotto (m)	mantel	[mantel]
pelliccia (f)	mantel bulu	[mantel bulu]
pellicciotto (m)	jaket bulu	[dʒʲaket bulu]
piumino (m)	jaket bulu halus	[dʒʲaket bulu halus]
giubbotto (m), giaccha (f)	jaket	[dʒʲaket]
impermeabile (m)	jas hujan	[dʒʲas hudʒʲan]
impermeabile (agg)	kedap air	[kedap air]

31. Abbigliamento uomo e donna

camicia (f)	kemeja	[kemedʒʲa]
pantaloni (m pl)	celana	[tʃelana]
jeans (m pl)	celana jins	[tʃelana dʒins]
giacca (f) (~ di tweed)	jas	[dʒʲas]
abito (m) da uomo	setelan	[setelan]
abito (m)	gaun	[gaun]
gonna (f)	rok	[roʔ]
camicetta (f)	blus	[blus]
giacca (f) a maglia	jaket wol	[dʒʲaket wol]
giacca (f) tailleur	jaket	[dʒʲaket]
maglietta (f)	baju kaus	[badʒʲu kaus]
pantaloni (m pl) corti	celana pendek	[tʃelana pendeʔ]
tuta (f) sportiva	pakaian olahraga	[pakajan olahraga]
accappatoio (m)	jubah mandi	[dʒʲubah mandi]
pigiama (m)	piyama	[piyama]
maglione (m)	sweter	[sweter]
pullover (m)	pulover	[pulover]
gilè (m)	rompi	[rompi]
frac (m)	jas berbuntut	[dʒʲas bərbuntut]
smoking (m)	jas malam	[dʒʲas malam]
uniforme (f)	seragam	[seragam]
tuta (f) da lavoro	pakaian kerja	[pakajan kerdʒʲa]
salopette (f)	baju monyet	[badʒʲu monjet]
camice (m) (~ del dottore)	jas	[dʒʲas]

32. Abbigliamento. Biancheria intima

biancheria (f) intima	pakaian dalam	[pakajan dalam]
boxer (m pl)	celana dalam lelaki	[t͡ʃelana dalam lelaki]
mutandina (f)	celana dalam wanita	[t͡ʃelana dalam wanita]
maglietta (f) intima	singlet	[siŋlet]
calzini (m pl)	kaus kaki	[kaus kaki]
camicia (f) da notte	baju tidur	[bad͡ʒʲu tidur]
reggiseno (m)	beha	[beha]
calzini (m pl) alti	kaus kaki selutut	[kaus kaki selutut]
collant (m)	pantihos	[pantihos]
calze (f pl)	kaus kaki panjang	[kaus kaki pand͡ʒʲaŋ]
costume (m) da bagno	baju renang	[bad͡ʒʲu renaŋ]

33. Copricapo

cappello (m)	topi	[topi]
cappello (m) di feltro	topi bulat	[topi bulat]
cappello (m) da baseball	topi bisbol	[topi bisbol]
coppola (f)	topi pet	[topi pet]
basco (m)	baret	[baret]
cappuccio (m)	kerudung kepala	[keruduŋ kepala]
panama (m)	topi panama	[topi panama]
berretto (m) a maglia	topi rajut	[topi rad͡ʒʲut]
fazzoletto (m) da capo	tudung kepala	[tuduŋ kepala]
cappellino (m) donna	topi wanita	[topi wanita]
casco (m) (~ di sicurezza)	topi baja	[topi bad͡ʒʲa]
bustina (f)	topi lipat	[topi lipat]
casco (m) (~ moto)	helm	[helm]
bombetta (f)	topi bulat	[topi bulat]
cilindro (m)	topi tinggi	[topi tiŋgi]

34. Calzature

calzature (f pl)	sepatu	[sepatu]
stivaletti (m pl)	sepatu bot	[sepatu bot]
scarpe (f pl)	sepatu wanita	[sepatu wanita]
stivali (m pl)	sepatu lars	[sepatu lars]
pantofole (f pl)	pantofel	[pantofel]
scarpe (f pl) da tennis	sepatu tenis	[sepatu tenis]
scarpe (f pl) da ginnastica	sepatu kets	[sepatu kets]
sandali (m pl)	sandal	[sandal]
calzolaio (m)	tukang sepatu	[tukaŋ sepatu]
tacco (m)	tumit	[tumit]

paio (m)	sepasang	[sepasaŋ]
laccio (m)	tali sepatu	[tali sepatu]
allacciare (vt)	mengikat tali	[məŋikat tali]
calzascarpe (m)	sendok sepatu	[sendo' sepatu]
lucido (m) per le scarpe	semir sepatu	[semir sepatu]

35. Tessuti. Stoffe

cotone (m)	katun	[katun]
di cotone	katun	[katun]
lino (m)	linen	[linen]
di lino	linen	[linen]

seta (f)	sutra	[sutra]
di seta	sutra	[sutra]
lana (f)	wol	[wol]
di lana	wol	[wol]

velluto (m)	beledu	[beledu]
camoscio (m)	suede	[suede]
velluto (m) a coste	korduroi	[korduroy]

nylon (m)	nilon	[nilon]
di nylon	nilon	[nilon]
poliestere (m)	poliester	[poliester]
di poliestere	poliester	[poliester]

pelle (f)	kulit	[kulit]
di pelle	kulit	[kulit]
pelliccia (f)	kulit berbulu	[kulit berbulu]
di pelliccia	bulu	[bulu]

36. Accessori personali

guanti (m pl)	sarung tangan	[saruŋ taŋan]
manopole (f pl)	sarung tangan	[saruŋ taŋan]
sciarpa (f)	selendang	[selendaŋ]

occhiali (m pl)	kacamata	[katʃamata]
montatura (f)	bingkai	[biŋkaj]
ombrello (m)	payung	[pajuŋ]
bastone (m)	tongkat jalan	[toŋkat dʒ'alan]
spazzola (f) per capelli	sikat rambut	[sikat rambut]
ventaglio (m)	kipas	[kipas]

cravatta (f)	dasi	[dasi]
cravatta (f) a farfalla	dasi kupu-kupu	[dasi kupu-kupu]
bretelle (f pl)	bretel	[bretel]
fazzoletto (m)	sapu tangan	[sapu taŋan]

| pettine (m) | sisir | [sisir] |
| fermaglio (m) | jepit rambut | [dʒ'epit rambut] |

| forcina (f) | harnal | [harnal] |
| fibbia (f) | gesper | [gesper] |

| cintura (f) | sabuk | [sabuʔ] |
| spallina (f) | tali tas | [tali tas] |

borsa (f)	tas	[tas]
borsetta (f)	tas tangan	[tas taŋan]
zaino (m)	ransel	[ransel]

37. Abbigliamento. Varie

moda (f)	mode	[mode]
di moda	modis	[modis]
stilista (m)	perancang busana	[pərantʃaŋ busana]

collo (m)	kerah	[kerah]
tasca (f)	saku	[saku]
tascabile (agg)	saku	[saku]
manica (f)	lengan	[leŋan]
asola (f) per appendere	tali kait	[tali kait]
patta (f) (~ dei pantaloni)	golbi	[golbi]

cerniera (f) lampo	ritsleting	[ritsletiŋ]
chiusura (f)	kancing	[kantʃiŋ]
bottone (m)	kancing	[kantʃiŋ]
occhiello (m)	lubang kancing	[lubaŋ kantʃiŋ]
staccarsi (un bottone)	terlepas	[tərlepas]

cucire (vi, vt)	menjahit	[mənʤ'ahit]
ricamare (vi, vt)	membordir	[membordir]
ricamo (m)	bordiran	[bordiran]
ago (m)	jarum	[ʤ'arum]
filo (m)	benang	[benaŋ]
cucitura (f)	setik	[setiʔ]

sporcarsi (vr)	kena kotor	[kena kotor]
macchia (f)	bercak	[bertʃaʔ]
sgualcirsi (vr)	kumal	[kumal]
strappare (vt)	merobek	[merobeʔ]
tarma (f)	ngengat	[ŋeŋat]

38. Cura della persona. Cosmetici

dentifricio (m)	pasta gigi	[pasta gigi]
spazzolino (m) da denti	sikat gigi	[sikat gigi]
lavarsi i denti	menggosok gigi	[məŋgoso' gigi]

rasoio (m)	pisau cukur	[pisau tʃukur]
crema (f) da barba	krim cukur	[krim tʃukur]
rasarsi (vr)	bercukur	[bərtʃukur]
sapone (m)	sabun	[sabun]

shampoo (m)	sampo	[sampo]
forbici (f pl)	gunting	[guntiŋ]
limetta (f)	kikir kuku	[kikir kuku]
tagliaunghie (m)	pemotong kuku	[pemotoŋ kuku]
pinzette (f pl)	pinset	[pinset]

cosmetica (f)	kosmetik	[kosmeti']
maschera (f) di bellezza	masker	[masker]
manicure (m)	manikur	[manikur]
fare la manicure	melakukan manikur	[melakukan manikur]
pedicure (m)	pedi	[pedi]

borsa (f) del trucco	tas kosmetik	[tas kosmeti']
cipria (f)	bedak	[beda']
portacipria (m)	kotak bedak	[kota' beda']
fard (m)	perona pipi	[pərona pipi]

profumo (m)	parfum	[parfum]
acqua (f) da toeletta	minyak wangi	[minja' waŋi]
lozione (f)	losion	[losjon]
acqua (f) di Colonia	kolonye	[kolone]

ombretto (m)	pewarna mata	[pewarna mata]
eyeliner (m)	pensil alis	[pensil alis]
mascara (m)	celak	[tʃela']

rossetto (m)	lipstik	[lipsti']
smalto (m)	kuteks, cat kuku	[kuteks], [tʃat kuku]
lacca (f) per capelli	semprotan rambut	[semprotan rambut]
deodorante (m)	deodoran	[deodoran]

crema (f)	krim	[krim]
crema (f) per il viso	krim wajah	[krim wadʒʲah]
crema (f) per le mani	krim tangan	[krim taŋan]
crema (f) antirughe	krim antikerut	[krim antikerut]
crema (f) da giorno	krim siang	[krim siaŋ]
crema (f) da notte	krim malam	[krim malam]
da giorno	siang	[siaŋ]
da notte	malam	[malam]

tampone (m)	tampon	[tampon]
carta (f) igienica	kertas toilet	[kertas toylet]
fon (m)	pengering rambut	[peŋeriŋ rambut]

39. Gioielli

gioielli (m pl)	perhiasan	[pərhiasan]
prezioso (agg)	mulia, berharga	[mulia], [bərharga]
marchio (m)	tanda kadar	[tanda kadar]

anello (m)	cincin	[tʃintʃin]
anello (m) nuziale	cincin kawin	[tʃintʃin kawin]
braccialetto (m)	gelang	[gelaŋ]
orecchini (m pl)	anting-anting	[antiŋ-antiŋ]

collana (f)	kalung	[kaluŋ]
corona (f)	mahkota	[mahkota]
perline (f pl)	kalung manik-manik	[kaluŋ maniʔ-maniʔ]

diamante (m)	berlian	[bərlian]
smeraldo (m)	zamrud	[zamrud]
rubino (m)	batu mirah delima	[batu mirah delima]
zaffiro (m)	nilakandi	[nilakandi]
perle (f pl)	mutiara	[mutiara]
ambra (f)	batu amber	[batu amber]

40. Orologi da polso. Orologio

orologio (m) (~ da polso)	arloji	[arlodʒi]
quadrante (m)	piringan jam	[piriŋan dʒʲam]
lancetta (f)	jarum	[dʒʲarum]
braccialetto (m)	rantai arloji	[rantaj arlodʒi]
cinturino (m)	tali arloji	[tali arlodʒi]

pila (f)	baterai	[bateraj]
essere scarico	mati	[mati]
cambiare la pila	mengganti baterai	[məŋganti bateraj]
andare avanti	cepat	[tʃepat]
andare indietro	terlambat	[tərlambat]

orologio (m) da muro	jam dinding	[dʒʲam dindiŋ]
clessidra (f)	jam pasir	[dʒʲam pasir]
orologio (m) solare	jam matahari	[dʒʲam matahari]
sveglia (f)	weker	[weker]
orologiaio (m)	tukang jam	[tukaŋ dʒʲam]
riparare (vt)	mereparasi, memperbaiki	[mereparasi], [memperbajki]

Cibo. Alimentazione

41. Cibo

carne (f)	daging	[dagiŋ]
pollo (m)	ayam	[ajam]
pollo (m) novello	anak ayam	[ana' ajam]
anatra (f)	bebek	[bebe']
oca (f)	angsa	[aŋsa]
cacciagione (f)	binatang buruan	[binataŋ buruan]
tacchino (m)	kalkun	[kalkun]
maiale (m)	daging babi	[dagiŋ babi]
vitello (m)	daging anak sapi	[dagiŋ ana' sapi]
agnello (m)	daging domba	[dagiŋ domba]
manzo (m)	daging sapi	[dagiŋ sapi]
coniglio (m)	kelinci	[kelintʃi]
salame (m)	sosis	[sosis]
w?rstel (m)	sosis	[sosis]
pancetta (f)	bakon	[beykon]
prosciutto (m)	ham, daging kornet	[ham], [dagiŋ kornet]
prosciutto (m) affumicato	ham	[ham]
pâté (m)	pasta	[pasta]
fegato (m)	hati	[hati]
carne (f) trita	daging giling	[dagiŋ giliŋ]
lingua (f)	lidah	[lidah]
uovo (m)	telur	[telur]
uova (f pl)	telur	[telur]
albume (m)	putih telur	[putih telur]
tuorlo (m)	kuning telur	[kuniŋ telur]
pesce (m)	ikan	[ikan]
frutti (m pl) di mare	makanan laut	[makanan laut]
crostacei (m pl)	krustasea	[krustasea]
caviale (m)	caviar	[kaviar]
granchio (m)	kepiting	[kepitiŋ]
gamberetto (m)	udang	[udaŋ]
ostrica (f)	tiram	[tiram]
aragosta (f)	lobster berduri	[lobster bərduri]
polpo (m)	gurita	[gurita]
calamaro (m)	cumi-cumi	[tʃumi-tʃumi]
storione (m)	ikan sturgeon	[ikan sturdʒien]
salmone (m)	salmon	[salmon]
ippoglosso (m)	ikan turbot	[ikan turbot]
merluzzo (m)	ikan kod	[ikan kod]

scombro (m)	ikan kembung	[ikan kembuŋ]
tonno (m)	tuna	[tuna]
anguilla (f)	belut	[belut]

trota (f)	ikan forel	[ikan forel]
sardina (f)	sarden	[sarden]
luccio (m)	ikan pike	[ikan paik]
aringa (f)	ikan haring	[ikan hariŋ]

pane (m)	roti	[roti]
formaggio (m)	keju	[kedʒʲu]
zucchero (m)	gula	[gula]
sale (m)	garam	[garam]

riso (m)	beras, nasi	[beras], [nasi]
pasta (f)	makaroni	[makaroni]
tagliatelle (f pl)	mi	[mi]

burro (m)	mentega	[məntega]
olio (m) vegetale	minyak nabati	[minja' nabati]
olio (m) di girasole	minyak bunga matahari	[minja' buŋa matahari]
margarina (f)	margarin	[margarin]

| olive (f pl) | buah zaitun | [buah zajtun] |
| olio (m) d'oliva | minyak zaitun | [minja' zajtun] |

latte (m)	susu	[susu]
latte (m) condensato	susu kental	[susu kental]
yogurt (m)	yogurt	[yogurt]
panna (f) acida	krim asam	[krim asam]
panna (f)	krim, kepala susu	[krim], [kepala susu]

| maionese (m) | mayones | [majones] |
| crema (f) | krim | [krim] |

cereali (m pl)	menir	[menir]
farina (f)	tepung	[tepuŋ]
cibi (m pl) in scatola	makanan kalengan	[makanan kaleŋan]

fiocchi (m pl) di mais	emping jagung	[empiŋ dʒʲaguŋ]
miele (m)	madu	[madu]
marmellata (f)	selai	[selaj]
gomma (f) da masticare	permen karet	[pərmen karet]

42. Bevande

acqua (f)	air	[air]
acqua (f) potabile	air minum	[air minum]
acqua (f) minerale	air mineral	[air mineral]

liscia (non gassata)	tanpa gas	[tanpa gas]
gassata (agg)	berkarbonasi	[bərkarbonasi]
frizzante (agg)	bergas	[bərgas]
ghiaccio (m)	es	[es]

con ghiaccio	dengan es	[deŋan es]
analcolico (agg)	tanpa alkohol	[tanpa alkohol]
bevanda (f) analcolica	minuman ringan	[minuman riŋan]
bibita (f)	minuman penygar	[minuman penigar]
limonata (f)	limun	[limun]

bevande (f pl) alcoliche	minoman beralkohol	[minoman beralkohol]
vino (m)	anggur	[aŋgur]
vino (m) bianco	anggur putih	[aŋgur putih]
vino (m) rosso	anggur merah	[aŋgur merah]

liquore (m)	likeur	[likeur]
champagne (m)	sampanye	[sampanje]
vermouth (m)	vermouth	[vermut]

whisky	wiski	[wiski]
vodka (f)	vodka	[vodka]
gin (m)	jin, jenewer	[dʒin], [dʒʲenewer]
cognac (m)	konyak	[konjaʔ]
rum (m)	rum	[rum]

caffè (m)	kopi	[kopi]
caffè (m) nero	kopi pahit	[kopi pahit]
caffè latte (m)	kopi susu	[kopi susu]
cappuccino (m)	cappuccino	[kaputʃino]
caffè (m) solubile	kopi instan	[kopi instan]

latte (m)	susu	[susu]
cocktail (m)	koktail	[koktajl]
frullato (m)	susu kocok	[susu kotʃoʔ]

succo (m)	jus	[dʒʲus]
succo (m) di pomodoro	jus tomat	[dʒʲus tomat]
succo (m) d'arancia	jus jeruk	[dʒʲus dʒʲeruʔ]
spremuta (f)	jus peras	[dʒʲus peras]

birra (f)	bir	[bir]
birra (f) chiara	bir putih	[bir putih]
birra (f) scura	bir hitam	[bir hitam]

tè (m)	teh	[teh]
tè (m) nero	teh hitam	[teh hitam]
tè (m) verde	teh hijau	[teh hidʒʲau]

43. Verdure

| ortaggi (m pl) | sayuran | [sajuran] |
| verdura (f) | sayuran hijau | [sajuran hidʒʲau] |

pomodoro (m)	tomat	[tomat]
cetriolo (m)	mentimun, ketimun	[mentimun], [ketimun]
carota (f)	wortel	[wortel]
patata (f)	kentang	[kentaŋ]
cipolla (f)	bawang	[bawaŋ]

aglio (m)	bawang putih	[bawaŋ putih]
cavolo (m)	kol	[kol]
cavolfiore (m)	kembang kol	[kembaŋ kol]
cavoletti (m pl) di Bruxelles	kol Brussels	[kol brusels]
broccolo (m)	brokoli	[brokoli]

barbabietola (f)	ubi bit merah	[ubi bit merah]
melanzana (f)	terung, terong	[teruŋ], [teroŋ]
zucchina (f)	labu siam	[labu siam]
zucca (f)	labu	[labu]
rapa (f)	turnip	[turnip]

prezzemolo (m)	peterseli	[peterseli]
aneto (m)	adas sowa	[adas sowa]
lattuga (f)	selada	[selada]
sedano (m)	seledri	[seledri]
asparago (m)	asparagus	[asparagus]
spinaci (m pl)	bayam	[bajam]

pisello (m)	kacang polong	[katʃaŋ poloŋ]
fave (f pl)	kacang-kacangan	[katʃaŋ-katʃaŋan]
mais (m)	jagung	[dʒ'aguŋ]
fagiolo (m)	kacang buncis	[katʃaŋ buntʃis]

peperone (m)	cabai	[tʃabaj]
ravanello (m)	radis	[radis]
carciofo (m)	artisyok	[artiʃoʔ]

44. Frutta. Noci

frutto (m)	buah	[buah]
mela (f)	apel	[apel]
pera (f)	pir	[pir]
limone (m)	jeruk sitrun	[dʒ'eruʔ sitrun]
arancia (f)	jeruk manis	[dʒ'eruʔ manis]
fragola (f)	stroberi	[stroberi]

mandarino (m)	jeruk mandarin	[dʒ'eruʔ mandarin]
prugna (f)	plum	[plum]
pesca (f)	persik	[persiʔ]
albicocca (f)	aprikot	[aprikot]
lampone (m)	buah frambus	[buah frambus]
ananas (m)	nanas	[nanas]

banana (f)	pisang	[pisaŋ]
anguria (f)	semangka	[semaŋka]
uva (f)	buah anggur	[buah aŋgur]
amarena (f)	buah ceri asam	[buah tʃeri asam]
ciliegia (f)	buah ceri manis	[buah tʃeri manis]
melone (m)	melon	[melon]

pompelmo (m)	jeruk Bali	[dʒ'eruʔ bali]
avocado (m)	avokad	[avokad]
papaia (f)	pepaya	[pepaja]

| mango (m) | mangga | [maŋga] |
| melagrana (f) | buah delima | [buah delima] |

ribes (m) rosso	redcurrant	[redkaren]
ribes (m) nero	blackcurrant	[ble'karen]
uva (f) spina	buah arbei hijau	[buah arbei hiʤʲau]
mirtillo (m)	buah bilberi	[buah bilberi]
mora (f)	beri hitam	[beri hitam]

uvetta (f)	kismis	[kismis]
fico (m)	buah ara	[buah ara]
dattero (m)	buah kurma	[buah kurma]

arachide (f)	kacang tanah	[katʃaŋ tanah]
mandorla (f)	badam	[badam]
noce (f)	buah walnut	[buah walnut]
nocciola (f)	kacang hazel	[katʃaŋ hazel]
noce (f) di cocco	buah kelapa	[buah kelapa]
pistacchi (m pl)	badam hijau	[badam hiʤʲau]

45. Pane. Dolci

pasticceria (f)	kue-mue	[kue-mue]
pane (m)	roti	[roti]
biscotti (m pl)	biskuit	[biskuit]

cioccolato (m)	cokelat	[tʃokelat]
al cioccolato (agg)	cokelat	[tʃokelat]
caramella (f)	permen	[pərmen]
tortina (f)	kue	[kue]
torta (f)	kue tar	[kue tar]

| crostata (f) | pai | [pai] |
| ripieno (m) | inti | [inti] |

marmellata (f)	selai buah utuh	[selaj buah utuh]
marmellata (f) di agrumi	marmelade	[marmelade]
wafer (m)	wafel	[wafel]
gelato (m)	es krim	[es krim]
budino (m)	puding	[pudiŋ]

46. Pietanze cucinate

piatto (m) (~ principale)	masakan, hidangan	[masakan], [hidaŋan]
cucina (f)	masakan	[masakan]
ricetta (f)	resep	[resep]
porzione (f)	porsi	[porsi]

insalata (f)	salada	[salada]
minestra (f)	sup	[sup]
brodo (m)	kaldu	[kaldu]
panino (m)	roti lapis	[roti lapis]

uova (f pl) al tegamino	**telur mata sapi**	[telur mata sapi]
hamburger (m)	**hamburger**	[hamburger]
bistecca (f)	**bistik**	[bisti?]

contorno (m)	**lauk**	[lau?]
spaghetti (m pl)	**spageti**	[spageti]
purè (m) di patate	**kentang tumbuk**	[kentaŋ tumbu?]
pizza (f)	**piza**	[piza]
porridge (m)	**bubur**	[bubur]
frittata (f)	**telur dadar**	[telur dadar]

bollito (agg)	**rebus**	[rebus]
affumicato (agg)	**asap**	[asap]
fritto (agg)	**goreng**	[goreŋ]
secco (agg)	**kering**	[keriŋ]
congelato (agg)	**beku**	[beku]
sottoaceto (agg)	**marinade**	[marinade]

dolce (gusto)	**manis**	[manis]
salato (agg)	**asin**	[asin]
freddo (agg)	**dingin**	[diŋin]
caldo (agg)	**panas**	[panas]
amaro (agg)	**pahit**	[pahit]
buono, gustoso (agg)	**enak**	[ena?]

cuocere, preparare (vt)	**merebus**	[merebus]
cucinare (vi)	**memasak**	[memasa?]
friggere (vt)	**menggoreng**	[məŋgoreŋ]
riscaldare (vt)	**memanaskan**	[memanaskan]

salare (vt)	**menggarami**	[məŋgarami]
pepare (vt)	**membubuh merica**	[membubuh meritʃa]
grattugiare (vt)	**memarut**	[memarut]
buccia (f)	**kulit**	[kulit]
sbucciare (vt)	**mengupas**	[məɲupas]

47. Spezie

sale (m)	**garam**	[garam]
salato (agg)	**asin**	[asin]
salare (vt)	**menggarami**	[məŋgarami]

pepe (m) nero	**merica**	[meritʃa]
peperoncino (m)	**cabai merah**	[tʃabaj merah]
senape (f)	**mustar**	[mustar]
cren (m)	**lobak pedas**	[loba? pedas]

condimento (m)	**bumbu**	[bumbu]
spezie (f pl)	**rempah-rempah**	[rempah-rempah]
salsa (f)	**saus**	[saus]
aceto (m)	**cuka**	[tʃuka]

anice (m)	**adas manis**	[adas manis]
basilico (m)	**selasih**	[selasih]

chiodi (m pl) di garofano	cengkih	[ʧeŋkih]
zenzero (m)	jahe	[dʒiahe]
coriandolo (m)	ketumbar	[ketumbar]
cannella (f)	kayu manis	[kaju manis]

sesamo (m)	wijen	[widʒien]
alloro (m)	daun salam	[daun salam]
paprica (f)	cabai	[ʧabaj]
cumino (m)	jintan	[dʒintan]
zafferano (m)	kuma-kuma	[kuma-kuma]

48. Pasti

| cibo (m) | makanan | [makanan] |
| mangiare (vi, vt) | makan | [makan] |

colazione (f)	makan pagi, sarapan	[makan pagi], [sarapan]
fare colazione	sarapan	[sarapan]
pranzo (m)	makan siang	[makan siaŋ]
pranzare (vi)	makan siang	[makan siaŋ]
cena (f)	makan malam	[makan malam]
cenare (vi)	makan malam	[makan malam]

| appetito (m) | nafsu makan | [nafsu makan] |
| Buon appetito! | Selamat makan! | [selamat makan!] |

| aprire (vt) | membuka | [membuka] |
| rovesciare (~ il vino, ecc.) | menumpahkan | [mənumpahkan] |

bollire (vi)	mendidih	[məndidih]
far bollire	mendidihkan	[məndidihkan]
bollito (agg)	masak	[masaʔ]

| raffreddare (vt) | mendinginkan | [məndiŋinkan] |
| raffreddarsi (vr) | mendingin | [məndiŋin] |

| gusto (m) | rasa | [rasa] |
| retrogusto (m) | nuansa rasa | [nuansa rasa] |

essere a dieta	berdiet	[berdiet]
dieta (f)	diet, pola makan	[diet], [pola makan]
vitamina (f)	vitamin	[vitamin]
caloria (f)	kalori	[kalori]

| vegetariano (m) | vegetarian | [vegetarian] |
| vegetariano (agg) | vegetarian | [vegetarian] |

grassi (m pl)	lemak	[lemaʔ]
proteine (f pl)	protein	[protein]
carboidrati (m pl)	karbohidrat	[karbohidrat]

fetta (f), fettina (f)	irisan	[irisan]
pezzo (m) (~ di torta)	potongan	[potoŋan]
briciola (f) (~ di pane)	remah	[remah]

49. Preparazione della tavola

cucchiaio (m)	**sendok**	[sendoʔ]
coltello (m)	**pisau**	[pisau]
forchetta (f)	**garpu**	[garpu]

tazza (f)	**cangkir**	[tʃaŋkir]
piatto (m)	**piring**	[piriŋ]
piattino (m)	**alas cangkir**	[alas tʃaŋkir]
tovagliolo (m)	**serbet**	[serbet]
stuzzicadenti (m)	**tusuk gigi**	[tusuʔ gigi]

50. Ristorante

ristorante (m)	**restoran**	[restoran]
caffè (m)	**warung kopi**	[waruŋ kopi]
pub (m), bar (m)	**bar**	[bar]
sala (f) da tè	**warung teh**	[waruŋ teh]

cameriere (m)	**pelayan lelaki**	[pelajan lelaki]
cameriera (f)	**pelayan perempuan**	[pelajan perempuan]
barista (m)	**pelayan bar**	[pelajan bar]

menù (m)	**menu**	[menu]
lista (f) dei vini	**daftar anggur**	[daftar aŋgur]
prenotare un tavolo	**memesan meja**	[memesan medʒʲa]

piatto (m)	**masakan, hidangan**	[masakan], [hidaŋan]
ordinare (~ il pranzo)	**memesan**	[memesan]
fare un'ordinazione	**memesan**	[memesan]

aperitivo (m)	**aperitif**	[aperitif]
antipasto (m)	**makanan ringan**	[makanan riŋan]
dolce (m)	**hidangan penutup**	[hidaŋan penutup]

conto (m)	**bon**	[bon]
pagare il conto	**membayar bon**	[membajar bon]
dare il resto	**memberikan uang kembalian**	[memberikan uaŋ kembalian]

mancia (f)	**tip**	[tip]

Famiglia, parenti e amici

51. Informazioni personali. Moduli

nome (m)	nama, nama depan	[nama], [nama depan]
cognome (m)	nama keluarga	[nama keluarga]
data (f) di nascita	tanggal lahir	[taŋgal lahir]
luogo (m) di nascita	tempat lahir	[tempat lahir]
nazionalità (f)	kebangsaan	[kebaŋsa'an]
domicilio (m)	tempat tinggal	[tempat tiŋgal]
paese (m)	negara, negeri	[negara], [negeri]
professione (f)	profesi	[profesi]
sesso (m)	jenis kelamin	[dʒenis kelamin]
statura (f)	tinggi badan	[tiŋgi badan]
peso (m)	berat	[berat]

52. Membri della famiglia. Parenti

madre (f)	ibu	[ibu]
padre (m)	ayah	[ajah]
figlio (m)	anak lelaki	[ana' lelaki]
figlia (f)	anak perempuan	[ana' perempuan]
figlia (f) minore	anak perempuan bungsu	[ana' perempuan buŋsu]
figlio (m) minore	anak lelaki bungsu	[ana' lelaki buŋsu]
figlia (f) maggiore	anak perempuan sulung	[ana' perempuan suluŋ]
figlio (m) maggiore	anak lelaki sulung	[ana' lelaki suluŋ]
fratello (m)	saudara lelaki	[saudara lelaki]
fratello (m) maggiore	kakak lelaki	[kaka' lelaki]
fratello (m) minore	adik lelaki	[adi' lelaki]
sorella (f)	saudara perempuan	[saudara perempuan]
sorella (f) maggiore	kakak perempuan	[kaka' perempuan]
sorella (f) minore	adik perempuan	[adi' perempuan]
cugino (m)	sepupu lelaki	[sepupu lelaki]
cugina (f)	sepupu perempuan	[sepupu perempuan]
mamma (f)	mama, ibu	[mama], [ibu]
papà (m)	papa, ayah	[papa], [ajah]
genitori (m pl)	orang tua	[oraŋ tua]
bambino (m)	anak	[ana']
bambini (m pl)	anak-anak	[ana'-ana']
nonna (f)	nenek	[nene']
nonno (m)	kakek	[kake']

nipote (m) (figlio di un figlio)	cucu laki-laki	[ʧuʧu laki-laki]
nipote (f)	cucu perempuan	[ʧuʧu pərempuan]
nipoti (pl)	cucu	[ʧuʧu]
zio (m)	paman	[paman]
zia (f)	bibi	[bibi]
nipote (m) (figlio di un fratello)	keponakan laki-laki	[keponakan laki-laki]
nipote (f)	keponakan perempuan	[keponakan pərempuan]
suocera (f)	ibu mertua	[ibu mertua]
suocero (m)	ayah mertua	[ajah mertua]
genero (m)	menantu laki-laki	[mənantu laki-laki]
matrigna (f)	ibu tiri	[ibu tiri]
patrigno (m)	ayah tiri	[ajah tiri]
neonato (m)	bayi	[baji]
infante (m)	bayi	[baji]
bimbo (m), ragazzino (m)	bocah cilik	[boʧah ʧili']
moglie (f)	istri	[istri]
marito (m)	suami	[suami]
coniuge (m)	suami	[suami]
coniuge (f)	istri	[istri]
sposato (agg)	menikah, beristri	[mənikah], [bəristri]
sposata (agg)	menikah, bersuami	[mənikah], [bərsuami]
celibe (agg)	bujang	[budʒ'aŋ]
scapolo (m)	bujang	[budʒ'aŋ]
divorziato (agg)	bercerai	[bərʧeraj]
vedova (f)	janda	[dʒ'anda]
vedovo (m)	duda	[duda]
parente (m)	kerabat	[kerabat]
parente (m) stretto	kerabat dekat	[kerabat dekat]
parente (m) lontano	kerabat jauh	[kerabat dʒ'auh]
parenti (m pl)	kerabat, sanak saudara	[kerabat], [sana' saudara]
orfano (m), orfana (f)	yatim piatu	[yatim piatu]
tutore (m)	wali	[wali]
adottare (~ un bambino)	mengadopsi	[məŋadopsi]
adottare (~ una bambina)	mengadopsi	[məŋadopsi]

53. Amici. Colleghi

amico (m)	sahabat	[sahabat]
amica (f)	sahabat	[sahabat]
amicizia (f)	persahabatan	[pərsahabatan]
essere amici	bersahabat	[bərsahabat]
amico (m) (inform.)	teman	[teman]
amica (f) (inform.)	teman	[teman]
partner (m)	mitra	[mitra]
capo (m)	atasan	[atasan]
capo (m), superiore (m)	atasan	[atasan]

proprietario (m)	**pemilik**	[pemiliʔ]
subordinato (m)	**bawahan**	[bawahan]
collega (m)	**kolega**	[kolega]

conoscente (m)	**kenalan**	[kenalan]
compagno (m) di viaggio	**rekan seperjalanan**	[rekan seperdʒʲalanan]
compagno (m) di classe	**teman sekelas**	[teman sekelas]

vicino (m)	**tetangga**	[tetaŋga]
vicina (f)	**tetangga**	[tetaŋga]
vicini (m pl)	**para tetangga**	[para tetaŋga]

54. Uomo. Donna

donna (f)	**perempuan, wanita**	[perempuan], [wanita]
ragazza (f)	**gadis**	[gadis]
sposa (f)	**mempelai perempuan**	[mempelaj perempuan]

bella (agg)	**cantik**	[tʃantiʔ]
alta (agg)	**tinggi**	[tiŋgi]
snella (agg)	**ramping**	[rampiŋ]
bassa (agg)	**pendek**	[pendeʔ]

bionda (f)	**orang berambut pirang**	[oraŋ berambut piraŋ]
bruna (f)	**orang berambut cokelat**	[oraŋ berambut tʃokelat]

da donna (agg)	**wanita**	[wanita]
vergine (f)	**perawan**	[perawan]
incinta (agg)	**hamil**	[hamil]

uomo (m) (adulto maschio)	**laki-laki, pria**	[laki-laki], [pria]
biondo (m)	**orang berambut pirang**	[oraŋ berambut piraŋ]
bruno (m)	**orang berambut cokelat**	[oraŋ berambut tʃokelat]
alto (agg)	**tinggi**	[tiŋgi]
basso (agg)	**pendek**	[pendeʔ]

sgarbato (agg)	**kasar**	[kasar]
tozzo (agg)	**kekar**	[kekar]
robusto (agg)	**tegap**	[tegap]
forte (agg)	**kuat**	[kuat]
forza (f)	**kekuatan**	[kekuatan]

grasso (agg)	**gemuk**	[gemuʔ]
bruno (agg)	**berkulit hitam**	[berkulit hitam]
snello (agg)	**ramping**	[rampiŋ]
elegante (agg)	**anggun**	[aŋgun]

55. Età

età (f)	**umur**	[umur]
giovinezza (f)	**usia muda**	[usia muda]
giovane (agg)	**muda**	[muda]

| più giovane (agg) | lebih muda | [lebih muda] |
| più vecchio (agg) | lebih tua | [lebih tua] |

giovane (m)	pemuda	[pemuda]
adolescente (m, f)	remaja	[remadʒʲa]
ragazzo (m)	cowok	[ʧowoʔ]

| vecchio (m) | lelaki tua | [lelaki tua] |
| vecchia (f) | perempuan tua | [pərempuan tua] |

adulto (m)	dewasa	[dewasa]
di mezza età	paruh baya	[paruh baja]
anziano (agg)	lansia	[lansia]
vecchio (agg)	tua	[tua]

pensionamento (m)	pensiun	[pensiun]
andare in pensione	pensiun	[pensiun]
pensionato (m)	pensiunan	[pensiunan]

56. Bambini

bambino (m), bambina (f)	anak	[anaʔ]
bambini (m pl)	anak-anak	[anaʔ-anaʔ]
gemelli (m pl)	kembar	[kembar]

culla (f)	buaian	[buajan]
sonaglio (m)	ocehan	[oʧehan]
pannolino (m)	popok	[popoʔ]

tettarella (f)	dot	[dot]
carrozzina (f)	kereta bayi	[kereta baji]
scuola (f) materna	taman kanak-kanak	[taman kanaʔ-kanaʔ]
baby-sitter (f)	pengasuh anak	[peŋasuh anaʔ]

infanzia (f)	masa kanak-kanak	[masa kanaʔ-kanaʔ]
bambola (f)	boneka	[boneka]
giocattolo (m)	mainan	[majnan]
gioco (m) di costruzione	alat permainan bongkah	[alat pərmajnan boŋkah]

educato (agg)	beradab	[bəradab]
maleducato (agg)	biadab	[biadab]
viziato (agg)	manja	[mandʒʲa]

essere disubbidiente	nakal	[nakal]
birichino (agg)	nakal	[nakal]
birichinata (f)	kenakalan	[kenakalan]
bambino (m) birichino	anak nakal	[anaʔ nakal]

| ubbidiente (agg) | patuh | [patuh] |
| disubbidiente (agg) | tidak patuh | [tidaʔ patuh] |

docile (agg)	penurut	[penurut]
intelligente (agg)	pandai, pintar	[pandaj], [pintar]
bambino (m) prodigio	anak ajaib	[anaʔ adʒʲajb]

57. Coppie sposate. Vita di famiglia

baciare (vt)	mencium	[mənʧium]
baciarsi (vr)	berciuman	[bərʧiuman]
famiglia (f)	keluarga	[keluarga]
familiare (agg)	keluarga	[keluarga]
coppia (f)	pasangan	[pasaŋan]
matrimonio (m)	pernikahan	[pərnikahan]
focolare (m) domestico	rumah tangga	[rumah taŋga]
dinastia (f)	dinasti	[dinasti]
appuntamento (m)	kencan	[kenʧan]
bacio (m)	ciuman	[ʧiuman]
amore (m)	cinta	[ʧinta]
amare (qn)	mencintai	[mənʧintaj]
amato (agg)	kekasih	[kekasih]
tenerezza (f)	kelembutan	[kelembutan]
dolce, tenero (agg)	lembut	[lembut]
fedeltà (f)	kesetiaan	[kesetia'an]
fedele (agg)	setia	[setia]
premura (f)	perhatian	[pərhatian]
premuroso (agg)	penuh perhatian	[penuh pərhatian]
sposi (m pl) novelli	pengantin baru	[peŋantin baru]
luna (f) di miele	bulan madu	[bulan madu]
sposarsi (per una donna)	menikah, bersuami	[mənikah], [bərsuami]
sposarsi (per un uomo)	menikah, beristri	[mənikah], [bəristri]
nozze (f pl)	pernikahan	[pərnikahan]
nozze (f pl) d'oro	pernikahan emas	[pərnikahan emas]
anniversario (m)	hari jadi, HUT	[hari ʤʲadi], [ha-u-te]
amante (m)	pria idaman lain	[pria idaman lajn]
amante (f)	wanita idaman lain	[wanita idaman lajn]
adulterio (m)	perselingkuhan	[pərseliŋkuhan]
tradire (commettere adulterio)	berselingkuh dari ...	[bərseliŋkuh dari ...]
geloso (agg)	cemburu	[ʧemburu]
essere geloso	cemburu	[ʧemburu]
divorzio (m)	perceraian	[pərʧerajan]
divorziare (vi)	bercerai	[bərʧeraj]
litigare (vi)	bertengkar	[bərteŋkar]
fare pace	berdamai	[bərdamaj]
insieme	bersama	[bərsama]
sesso (m)	seks	[seks]
felicità (f)	kebahagiaan	[kebahagia'an]
felice (agg)	berbahagia	[bərbahagia]
disgrazia (f)	kemalangan	[kemalaŋan]
infelice (agg)	malang	[malaŋ]

Personalità. Sentimenti. Emozioni

58. Sentimenti. Emozioni

sentimento (m)	perasaan	[pərasa'an]
sentimenti (m pl)	perasaan	[pərasa'an]
sentire (vt)	merasa	[merasa]
fame (f)	kelaparan	[kelaparan]
avere fame	lapar	[lapar]
sete (f)	kehausan	[kehausan]
avere sete	haus	[haus]
sonnolenza (f)	kantuk	[kantu']
avere sonno	mengantuk	[məŋantu']
stanchezza (f)	rasa lelah	[rasa lelah]
stanco (agg)	lelah	[lelah]
stancarsi (vr)	lelah	[lelah]
umore (m) (buon ~)	suasana hati	[suasana hati]
noia (f)	kebosanan	[kebosanan]
annoiarsi (vr)	bosan	[bosan]
isolamento (f)	kesendirian	[kesendirian]
isolarsi (vr)	menyendiri	[mənjendiri]
preoccupare (vt)	membuat khawatir	[membuat hawatir]
essere preoccupato	khawatir	[hawatir]
agitazione (f)	kekhawatiran	[kehawatiran]
preoccupazione (f)	kegelisahan	[kegelisahan]
preoccupato (agg)	prihatin	[prihatin]
essere nervoso	gugup, gelisah	[gugup], [gelisah]
andare in panico	panik	[pani']
speranza (f)	harapan	[harapan]
sperare (vi, vt)	berharap	[bərharap]
certezza (f)	kepastian	[kepastian]
sicuro (agg)	pasti	[pasti]
incertezza (f)	ketidakpastian	[ketidakpastian]
incerto (agg)	tidak pasti	[tida' pasti]
ubriaco (agg)	mabuk	[mabu']
sobrio (agg)	sadar, tidak mabuk	[sadar], [tida' mabu']
debole (agg)	lemah	[lemah]
fortunato (agg)	berbahagia	[bərbahagia]
spaventare (vt)	menakuti	[mənakuti]
furia (f)	kemarahan	[kemarahan]
rabbia (f)	kemarahan	[kemarahan]
depressione (f)	depresi	[depresi]
disagio (m)	ketidaknyamanan	[ketidaknjamanan]

conforto (m)	kenyamanan	[kenjamanan]
rincrescere (vi)	menyesal	[mənjesal]
rincrescimento (m)	penyesalan	[penjesalan]
sfortuna (f)	kesialan	[kesialan]
tristezza (f)	kekesalan	[kekesalan]

vergogna (f)	rasa malu	[rasa malu]
allegria (f)	kegirangan	[kegiraŋan]
entusiasmo (m)	antusiasme	[antusiasme]
entusiasta (m)	antusias	[antusias]
mostrare entusiasmo	memperlihatkan antusiasme	[memperlihatkan antusiasme]

59. Personalità. Carattere

carattere (m)	watak	[wataʔ]
difetto (m)	kepincangan	[kepintʃaŋan]
mente (f)	otak	[otaʔ]
intelletto (m)	akal	[akal]

coscienza (f)	nurani	[nurani]
abitudine (f)	kebiasaan	[kebiasaʔan]
capacità (f)	kemampuan, bakat	[kemampuan], [bakat]
sapere (~ nuotare)	dapat	[dapat]

paziente (agg)	sabar	[sabar]
impaziente (agg)	tidak sabar	[tida' sabar]
curioso (agg)	ingin tahu	[iŋin tahu]
curiosità (f)	rasa ingin tahu	[rasa iŋin tahu]

modestia (f)	kerendahan hati	[kerendahan hati]
modesto (agg)	rendah hati	[rendah hati]
immodesto (agg)	tidak tahu malu	[tida' tahu malu]

pigrizia (f)	kemalasan	[kemalasan]
pigro (agg)	malas	[malas]
poltrone (m)	pemalas	[pemalas]

furberia (f)	kelicikan	[kelitʃikan]
furbo (agg)	licik	[litʃiʔ]
diffidenza (f)	ketidakpercayaan	[ketidakpertʃaja'an]
diffidente (agg)	tidak percaya	[tida' pərtʃaja]

generosità (f)	kemurahan hati	[kemurahan hati]
generoso (agg)	murah hati	[murah hati]
di talento	berbakat	[bərbakat]
talento (m)	bakat	[bakat]

coraggioso (agg)	berani	[bərani]
coraggio (m)	keberanian	[keberanian]
onesto (agg)	jujur	[dʒ'udʒ'ur]
onestà (f)	kejujuran	[kedʒ'udʒ'uran]
prudente (agg)	berhati-hati	[bərhati-hati]
valoroso (agg)	berani	[bərani]

| serio (agg) | serius | [serius] |
| severo (agg) | keras | [keras] |

deciso (agg)	tegas	[tegas]
indeciso (agg)	ragu-ragu	[ragu-ragu]
timido (agg)	malu	[malu]
timidezza (f)	sifat pemalu	[sifat pemalu]

fiducia (f)	kepercayaan	[kepertʃaja'an]
fidarsi (vr)	percaya	[pərtʃaja]
fiducioso (agg)	mudah percaya	[mudah pərtʃaja]

sinceramente	ikhlas	[ihlas]
sincero (agg)	ikhlas	[ihlas]
sincerità (f)	keikhlasan	[keihlasan]
aperto (agg)	terbuka	[tərbuka]

tranquillo (agg)	tenang	[tenaŋ]
sincero (agg)	terus terang	[terus təraŋ]
ingenuo (agg)	naif	[naif]
distratto (agg)	lalai	[lalaj]
buffo (agg)	lucu	[lutʃu]

avidità (f)	kerakusan	[kerakusan]
avido (agg)	rakus	[rakus]
avaro (agg)	pelit, kikir	[pelit], [kikir]
cattivo (agg)	jahat	[dʒ¡ahat]
testardo (agg)	keras kepala, degil	[keras kepala], [degil]
antipatico (agg)	tidak menyenangkan	[tida' menjenaŋkan]

egoista (m)	egois	[egois]
egoistico (agg)	egoistis	[egoistis]
codardo (m)	penakut	[penakut]
codardo (agg)	penakut	[penakut]

60. Dormire. Sogni

dormire (vi)	tidur	[tidur]
sonno (m) (stato di sonno)	tidur	[tidur]
sogno (m)	mimpi	[mimpi]
sognare (fare sogni)	bermimpi	[bərmimpi]
sonnolento (agg)	mengantuk	[məŋantu']

letto (m)	ranjang	[randʒ¡aŋ]
materasso (m)	kasur	[kasur]
coperta (f)	selimut	[selimut]
cuscino (m)	bantal	[bantal]
lenzuolo (m)	seprai	[sepraj]

insonnia (f)	insomnia	[insomnia]
insonne (agg)	tanpa tidur	[tanpa tidur]
sonnifero (m)	obat tidur	[obat tidur]
prendere il sonnifero	meminum obat tidur	[meminum obat tidur]
avere sonno	mengantuk	[məŋantu']

sbadigliare (vi)	menguap	[məŋuap]
andare a letto	tidur	[tidur]
fare il letto	menyiapkan ranjang	[mənjiapkan randʒ'aŋ]
addormentarsi (vr)	tertidur	[tərtidur]

incubo (m)	mimpi buruk	[mimpi buru']
russare (m)	dengkuran	[deŋkuran]
russare (vi)	berdengkur	[bərdeŋkur]

sveglia (f)	weker	[weker]
svegliare (vt)	membangunkan	[membaŋunkan]
svegliarsi (vr)	bangun	[baŋun]
alzarsi (vr)	bangun	[baŋun]
lavarsi (vr)	mencuci muka	[məntʃutʃi muka]

61. Umorismo. Risata. Felicità

umorismo (m)	humor	[humor]
senso (m) dello humour	rasa humor	[rasa humor]
divertirsi (vr)	bersukaria	[bərsukaria]
allegro (agg)	riang, gembira	[riaŋ], [gembira]
allegria (f)	keriangan, kegembiraan	[keriaŋan], [kegembira'an]

sorriso (m)	senyuman	[senyuman]
sorridere (vi)	tersenyum	[tərsenyum]
mettersi a ridere	tertawa	[tərtawa]
ridere (vi)	tertawa	[tərtawa]
riso (m)	gelak tawa	[gela' tawa]

aneddoto (m)	anekdot, lelucon	[anekdot], [lelutʃon]
divertente (agg)	lucu	[lutʃu]
ridicolo (agg)	lucu	[lutʃu]

scherzare (vi)	bergurau	[bərgurau]
scherzo (m)	lelucon	[lelutʃon]
gioia (f) (fare salti di ~)	kegembiraan	[kegembira'an]
rallegrarsi (vr)	bergembira	[bərgembira]
allegro (agg)	gembira	[gembira]

62. Discussione. Conversazione. Parte 1

comunicazione (f)	komunikasi	[komunikasi]
comunicare (vi)	berkomunikasi	[bərkomunikasi]

conversazione (f)	pembicaraan	[pembitʃara'an]
dialogo (m)	dialog	[dialog]
discussione (f)	diskusi	[diskusi]
dibattito (m)	perdebatan	[pərdebatan]
discutere (vi)	berdebat	[bərdebat]

interlocutore (m)	lawan bicara	[lawan bitʃara]
tema (m)	topik, tema	[topik], [tema]

punto (m) di vista	sudut pandang	[sudut pandaŋ]
opinione (f)	opini, pendapat	[opini], [pendapat]
discorso (m)	pidato, tuturan	[pidato], [tuturan]

discussione (f)	pembicaraan	[pembitʃaraʔan]
discutere (~ una proposta)	membicarakan	[membitʃarakan]
conversazione (f)	pembicaraan	[pembitʃaraʔan]
conversare (vi)	berbicara	[bərbitʃara]
incontro (m)	pertemuan	[pərtemuan]
incontrarsi (vr)	bertemu	[bərtemu]

proverbio (m)	peribahasa	[pəribahasa]
detto (m)	peribahasa	[pəribahasa]
indovinello (m)	teka-teki	[teka-teki]
fare un indovinello	memberi teka-teki	[memberi teka-teki]
parola (f) d'ordine	kata sandi	[kata sandi]
segreto (m)	rahasia	[rahasia]

giuramento (m)	sumpah	[sumpah]
giurare (prestare giuramento)	bersumpah	[bərsumpah]
promessa (f)	janji	[dʒˈandʒi]
promettere (vt)	berjanji	[bərdʒˈandʒi]

consiglio (m)	nasihat	[nasihat]
consigliare (vt)	menasihati	[mənasihati]
seguire il consiglio	mengikuti nasihat	[məŋikuti nasihat]
ubbidire (ai genitori)	mendengar ...	[məndeŋar ...]

notizia (f)	berita	[berita]
sensazione (f)	sensasi	[sensasi]
informazioni (f pl)	data, informasi	[data], [informasi]
conclusione (f)	kesimpulan	[kesimpulan]
voce (f)	suara	[suara]
complimento (m)	pujian	[pudʒian]
gentile (agg)	ramah	[ramah]

parola (f)	kata	[kata]
frase (f)	frasa	[frasa]
risposta (f)	jawaban	[dʒˈawaban]

| verità (f) | kebenaran | [kebenaran] |
| menzogna (f) | kebohongan | [kebohoŋan] |

pensiero (m)	pikiran	[pikiran]
idea (f)	ide	[ide]
fantasia (f)	fantasi	[fantasi]

63. Discussione. Conversazione. Parte 2

rispettato (agg)	terhormat	[tərhormat]
rispettare (vt)	menghormati	[məŋhormati]
rispetto (m)	penghormatan	[peŋhormatan]
Egregio ...	Yth. ... (Yang Terhormat)	[yaŋ tərhormat]
presentare (~ qn)	memperkenalkan	[memperkenalkan]

fare la conoscenza di ...	berkenalan	[bərkenalan]
intenzione (f)	niat	[niat]
avere intenzione	berniat	[bərniat]
augurio (m)	pengharapan	[peɲharapan]
augurare (vt)	mengharapkan	[məɲharapkan]
sorpresa (f)	keheranan	[keheranan]
sorprendere (stupire)	mengherankan	[məɲherankan]
stupirsi (vr)	heran	[heran]
dare (vt)	memberi	[memberi]
prendere (vt)	mengambil	[məɲambil]
rendere (vt)	mengembalikan	[məɲembalikan]
restituire (vt)	mengembalikan	[məɲembalikan]
scusarsi (vr)	meminta maaf	[meminta ma'af]
scusa (f)	permintaan maaf	[pərminta'an ma'af]
perdonare (vt)	memaafkan	[mema'afkan]
parlare (vi, vt)	berbicara	[bərbitʃara]
ascoltare (vi)	mendengarkan	[məndeŋarkan]
ascoltare fino in fondo	mendengar	[məndeŋar]
capire (vt)	mengerti	[məŋerti]
mostrare (vt)	menunjukkan	[mənundʒ'u'kan]
guardare (vt)	melihat ...	[melihat ...]
chiamare (rivolgersi a)	memanggil	[memaŋgil]
dare fastidio	mengganggu	[məŋgaŋgu]
disturbare (vt)	mengganggu	[məŋgaŋgu]
consegnare (vt)	menyampaikan	[mənjampajkan]
richiesta (f)	permintaan	[pərminta'an]
chiedere (vt)	meminta	[meminta]
esigenza (f)	tuntutan	[tuntutan]
esigere (vt)	menuntut	[mənuntut]
stuzzicare (vt)	mengejek	[məŋedʒ'e']
canzonare (vt)	mencemooh	[məntʃemooh]
burla (f), beffa (f)	cemoohan	[tʃemoohan]
soprannome (m)	nama panggilan	[nama paŋgilan]
allusione (f)	isyarat	[iʃarat]
alludere (vi)	mengisyaratkan	[məŋiʃaratkan]
intendere (cosa intendi dire?)	berarti	[bərarti]
descrizione (f)	penggambaran	[peŋgambaran]
descrivere (vt)	menggambarkan	[məŋgambarkan]
lode (f)	pujian	[pudʒian]
lodare (vt)	memuji	[memudʒi]
delusione (f)	kekecewaan	[keketʃewa'an]
deludere (vt)	mengecewakan	[mənetʃewakan]
rimanere deluso	kecewa	[ketʃewa]
supposizione (f)	dugaan	[duga'an]
supporre (vt)	menduga	[mənduga]

| avvertimento (m) | peringatan | [pəriŋatan] |
| avvertire (vt) | memperingatkan | [memperiŋatkan] |

64. Discussione. Conversazione. Parte 3

| persuadere (vt) | meyakinkan | [meyakinkan] |
| tranquillizzare (vt) | menenangkan | [mənenaŋkan] |

silenzio (m) (il ~ è d'oro)	kebisuan	[kebisuan]
tacere (vi)	membisu	[membisu]
sussurrare (vt)	berbisik	[bərbisiʔ]
sussurro (m)	bisikan	[bisikan]

| francamente | terus terang | [terus teraŋ] |
| secondo me … | menurut saya … | [mənurut saja …] |

dettaglio (m)	detail, perincian	[detajl], [pərintʃian]
dettagliato (agg)	mendetail	[məndetajl]
dettagliatamente	dengan mendetail	[deŋan mendetajl]

| suggerimento (m) | petunjuk | [petundʒʲuʔ] |
| suggerire (vt) | memberi petunjuk | [memberi petundʒʲuʔ] |

sguardo (m)	melihat	[melihat]
gettare uno sguardo	melihat	[melihat]
fisso (agg)	kaku	[kaku]
battere le palpebre	berkedip	[bərkedip]
ammiccare (vi)	mengedipkan mata	[məŋedipkan mata]
accennare col capo	mengangguk	[mənaŋguʔ]

sospiro (m)	desah	[desah]
sospirare (vi)	mendesah	[məndesah]
sussultare (vi)	tersentak	[tərsentaʔ]
gesto (m)	gerak tangan	[geraʔ taŋan]
toccare (~ il braccio)	menyentuh	[mənjentuh]
afferrare (~ per il braccio)	memegang	[memegaŋ]
picchiettare (~ la spalla)	menepuk	[mənepuʔ]

Attenzione!	Awas! Hati-hati!	[awas!], [hati-hati!]
Davvero?	Sungguh?	[suŋguh?]
Sei sicuro?	Kamu yakin?	[kamu yakin?]
Buona fortuna!	Semoga behasil!	[semoga behasil!]
Capito!	Begitu!	[begitu!]
Peccato!	Sayang sekali!	[sajaŋ sekali!]

65. Accordo. Rifiuto

accordo (m)	persetujuan	[pərsetudʒʲuan]
essere d'accordo	setuju, ijin	[setudʒʲu], [idʒin]
approvazione (f)	persetujuan	[pərsetudʒʲuan]
approvare (vt)	menyetujui	[mənjetudʒʲui]
rifiuto (m)	penolakan	[penolakan]

rifiutarsi (vr)	menolak	[mənola']
Perfetto!	Bagus!	[bagus!]
Va bene!	Baiklah! Baik!	[bajklah!], [baj'!]
D'accordo!	Baiklah! Baik!	[bajklah!], [baj'!]

vietato, proibito (agg)	larangan	[laraŋan]
è proibito	dilarang	[dilaraŋ]
è impossibile	mustahil	[mustahil]
sbagliato (agg)	salah	[salah]

respingere (~ una richiesta)	menolak	[mənola']
sostenere (~ un'idea)	mendukung	[məndukuŋ]
accettare (vt)	menerima	[mənerima]

confermare (vt)	mengonfirmasi	[məŋonfirmasi]
conferma (f)	konfirmasi	[konfirmasi]
permesso (m)	izin	[izin]
permettere (vt)	mengizinkan	[məŋizinkan]
decisione (f)	keputusan	[keputusan]
non dire niente	membisu	[membisu]

condizione (f)	syarat	[ʃarat]
pretesto (m)	alasan, dalih	[alasan], [dalih]
lode (f)	pujian	[pudʒian]
lodare (vt)	memuji	[memudʒi]

66. Successo. Fortuna. Fiasco

successo (m)	sukses, berhasil	[sukses], [bərhasil]
con successo	dengan sukses	[deŋan sukses]
ben riuscito (agg)	sukses, berhasil	[sukses], [bərhasil]

fortuna (f)	keberuntungan	[keberuntuŋan]
Buona fortuna!	Semoga behasil!	[semoga behasil!]
fortunato (giorno ~)	beruntung	[bəruntuŋ]
fortunato (persona ~a)	beruntung	[bəruntuŋ]

fiasco (m)	kegagalan	[kegagalan]
disdetta (f)	kesialan	[kesialan]
sfortuna (f)	kesialan	[kesialan]

| fallito (agg) | gagal | [gagal] |
| disastro (m) | gagal total | [gagal total] |

orgoglio (m)	kebanggaan	[kebaŋga'an]
orgoglioso (agg)	bangga	[baŋga]
essere fiero di …	bangga	[baŋga]

vincitore (m)	pemenang	[pemenaŋ]
vincere (vi)	menang	[menaŋ]
perdere (subire una sconfitta)	kalah	[kalah]
tentativo (m)	percobaan	[pərtʃoba'an]
tentare (vi)	mencoba	[məntʃoba]
chance (f)	kans, peluang	[kans], [peluaŋ]

67. Dispute. Sentimenti negativi

grido (m)	teriakan	[təriakan]
gridare (vi)	berteriak	[bərteria']
mettersi a gridare	berteriak	[bərteria']

litigio (m)	pertengkaran	[pərteŋkaran]
litigare (vi)	bertengkar	[bərteŋkar]
lite (f)	pertengkaran	[pərteŋkaran]
dare scandalo (litigare)	bertengkar	[bərteŋkar]
conflitto (m)	konflik	[konfli']
fraintendimento (m)	kesalahpahaman	[kesalahpahaman]

insulto (m)	penghinaan	[pəɲhina'an]
insultare (vt)	menghina	[məɲhina]
offeso (agg)	terhina	[tərhina]
offesa (f)	perasaan tersinggung	[pərasa'an tərsiŋguŋ]
offendere (qn)	menyinggung	[məɲjiŋguŋ]
offendersi (vr)	tersinggung	[tərsiŋguŋ]

indignazione (f)	kemarahan	[kemarahan]
indignarsi (vr)	marah	[marah]
lamentela (f)	komplain, pengaduan	[kompleyn], [pəɲaduan]
lamentarsi (vr)	mengeluh	[məɲeluh]

scusa (f)	permintaan maaf	[pərminta'an ma'af]
scusarsi (vr)	meminta maaf	[meminta ma'af]
chiedere scusa	minta maaf	[minta ma'af]

critica (f)	kritik	[kriti']
criticare (vt)	mengkritik	[məŋkriti']
accusa (f)	tuduhan	[tuduhan]
accusare (vt)	menuduh	[mənuduh]

vendetta (f)	dendam	[dendam]
vendicare (vt)	membalas dendam	[membalas dendam]
vendicarsi (vr)	membalas	[membalas]

disprezzo (m)	penghinaan	[pəɲhina'an]
disprezzare (vt)	benci, membenci	[bentʃi], [membentʃi]
odio (m)	rasa benci	[rasa bentʃi]
odiare (vt)	membenci	[membentʃi]

nervoso (agg)	gugup, grogi	[gugup], [grogi]
essere nervoso	gugup, gelisah	[gugup], [gelisah]
arrabbiato (agg)	marah	[marah]
fare arrabbiare	membuat marah	[membuat marah]

umiliazione (f)	penghinaan	[pəɲhina'an]
umiliare (vt)	merendahkan	[merendahkan]
umiliarsi (vr)	merendahkan diri sendiri	[merendahkan diri sendiri]

shock (m)	keterkejutan	[keterkedʒutan]
scandalizzare (vt)	mengejutkan	[məɲedʒutkan]
problema (m) (avere ~i)	kesulitan	[kesulitan]

spiacevole (agg)	tidak menyenangkan	[tida' menjenaŋkan]
spavento (m), paura (f)	ketakutan	[ketakutan]
terribile (una tempesta ~)	dahsyat	[dahʃat]
spaventoso (un racconto ~)	menakutkan	[mənakutkan]
orrore (m)	horor, ketakutan	[horor], [ketakutan]
orrendo (un crimine ~)	buruk, parah	[buruk], [parah]

cominciare a tremare	gemetar	[gemetar]
piangere (vi)	menangis	[mənaɲis]
mettersi a piangere	menangis	[mənaɲis]
lacrima (f)	air mata	[air mata]

colpa (f)	kesalahan	[kesalahan]
senso (m) di colpa	rasa bersalah	[rasa bərsalah]
vergogna (f)	aib	[aib]
protesta (f)	protes	[protes]
stress (m)	stres	[stres]

disturbare (vt)	mengganggu	[məŋgaŋgu]
essere arrabbiato	marah	[marah]
arrabbiato (agg)	marah	[marah]
porre fine a ... (~ una relazione)	menghentikan	[məɲhentikan]
rimproverare (vt)	menyumpahi	[mənyumpahi]

spaventarsi (vr)	takut	[takut]
colpire (vt)	memukul	[memukul]
picchiarsi (vr)	berkelahi	[bərkelahi]

regolare (~ un conflitto)	menyelesaikan	[mənjelesajkan]
scontento (agg)	tidak puas	[tida' puas]
furioso (agg)	garam	[garam]

| Non sta bene! | Tidak baik! | [tida' bai'!] |
| Fa male! | Jelek! Buruk! | [dʒ'ele'!], [buru'!] |

Medicinali

68. Malattie

malattia (f)	penyakit	[penjakit]
essere malato	sakit	[sakit]
salute (f)	kesehatan	[kesehatan]

raffreddore (m)	hidung meler	[hiduŋ meler]
tonsillite (f)	radang tonsil	[radaŋ tonsil]
raffreddore (m)	pilek, selesma	[pilek], [selesma]
raffreddarsi (vr)	masuk angin	[masu' aŋin]

bronchite (f)	bronkitis	[bronkitis]
polmonite (f)	radang paru-paru	[radaŋ paru-paru]
influenza (f)	flu	[flu]

miope (agg)	rabun jauh	[rabun dʒʲauh]
presbite (agg)	rabun dekat	[rabun dekat]
strabismo (m)	mata juling	[mata dʒʲuliŋ]
strabico (agg)	bermata juling	[bərmata dʒʲuliŋ]
cateratta (f)	katarak	[katara']
glaucoma (m)	glaukoma	[glaukoma]

ictus (m) cerebrale	stroke	[stroke]
attacco (m) di cuore	infark	[infar']
infarto (m) miocardico	serangan jantung	[seraŋan dʒʲantuŋ]
paralisi (f)	kelumpuhan	[kelumpuhan]
paralizzare (vt)	melumpuhkan	[melumpuhkan]

allergia (f)	alergi	[alergi]
asma (f)	asma	[asma]
diabete (m)	diabetes	[diabetes]

| mal (m) di denti | sakit gigi | [sakit gigi] |
| carie (f) | karies | [karies] |

diarrea (f)	diare	[diare]
stitichezza (f)	konstipasi, sembelit	[konstipasi], [sembelit]
disturbo (m) gastrico	gangguan pencernaan	[gaŋuan pentʃarna'an]
intossicazione (f) alimentare	keracunan makanan	[keratʃunan makanan]
intossicarsi (vr)	keracunan makanan	[keratʃunan makanan]

artrite (f)	artritis	[artritis]
rachitide (f)	rakitis	[rakitis]
reumatismo (m)	rematik	[remati']
aterosclerosi (f)	aterosklerosis	[aterosklerosis]

| gastrite (f) | radang perut | [radaŋ pərut] |
| appendicite (f) | apendisitis | [apendisitis] |

colecistite (f)	radang pundi empedu	[radaŋ pundi empedu]
ulcera (f)	tukak lambung	[tuka' lambuŋ]
morbillo (m)	penyakit campak	[penjakit ʧampa']
rosolia (f)	penyakit campak Jerman	[penjakit ʧampa' dʒ'erman]
itterizia (f)	sakit kuning	[sakit kuniŋ]
epatite (f)	hepatitis	[hepatitis]
schizofrenia (f)	skizofrenia	[skizofrenia]
rabbia (f)	rabies	[rabies]
nevrosi (f)	neurosis	[neurosis]
commozione (f) cerebrale	gegar otak	[gegar ota']
cancro (m)	kanker	[kanker]
sclerosi (f)	sklerosis	[sklerosis]
sclerosi (f) multipla	sklerosis multipel	[sklerosis multipel]
alcolismo (m)	alkoholisme	[alkoholisme]
alcolizzato (m)	alkoholik	[alkoholi']
sifilide (f)	sifilis	[sifilis]
AIDS (m)	AIDS	[ajds]
tumore (m)	tumor	[tumor]
maligno (agg)	ganas	[ganas]
benigno (agg)	jinak	[dʒina']
febbre (f)	demam	[demam]
malaria (f)	malaria	[malaria]
cancrena (f)	gangren	[gaŋren]
mal (m) di mare	mabuk laut	[mabu' laut]
epilessia (f)	epilepsi	[epilepsi]
epidemia (f)	epidemi	[epidemi]
tifo (m)	tifus	[tifus]
tubercolosi (f)	tuberkulosis	[tuberkulosis]
colera (m)	kolera	[kolera]
peste (f)	penyakit pes	[penjakit pes]

69. Sintomi. Cure. Parte 1

sintomo (m)	gejala	[gedʒ'ala]
temperatura (f)	temperatur, suhu	[temperatur], [suhu]
febbre (f) alta	temperatur tinggi	[temperatur tiŋgi]
polso (m)	denyut nadi	[denyut nadi]
capogiro (m)	rasa pening	[rasa peniŋ]
caldo (agg)	panas	[panas]
brivido (m)	menggigil	[məŋgigil]
pallido (un viso ~)	pucat	[puʧat]
tosse (f)	batuk	[batu']
tossire (vi)	batuk	[batu']
starnutire (vi)	bersin	[bersin]
svenimento (m)	pingsan	[piŋsan]

svenire (vi)	**jatuh pingsan**	[dʒ'atuh piŋsan]
livido (m)	**luka memar**	[luka memar]
bernoccolo (m)	**bengkak**	[beŋka']
farsi un livido	**terantuk**	[tərantu']
contusione (f)	**luka memar**	[luka memar]
farsi male	**kena luka memar**	[kena luka memar]

zoppicare (vi)	**pincang**	[pintʃaŋ]
slogatura (f)	**keseleo**	[keseleo]
slogarsi (vr)	**keseleo**	[keseleo]
frattura (f)	**fraktura, patah tulang**	[fraktura], [patah tulaŋ]
fratturarsi (vr)	**patah tulang**	[patah tulaŋ]

taglio (m)	**teriris**	[təriris]
tagliarsi (vr)	**teriris**	[təriris]
emorragia (f)	**perdarahan**	[pərdarahan]

scottatura (f)	**luka bakar**	[luka bakar]
scottarsi (vr)	**menderita luka bakar**	[mənderita luka bakar]

pungere (vt)	**menusuk**	[mənusu']
pungersi (vr)	**tertusuk**	[tərtusu']
ferire (vt)	**melukai**	[melukaj]
ferita (f)	**cedera**	[tʃedera]
lesione (f)	**luka**	[luka]
trauma (m)	**trauma**	[trauma]

delirare (vi)	**mengigau**	[məŋigau]
tartagliare (vi)	**gagap**	[gagap]
colpo (m) di sole	**sengatan matahari**	[seŋatan matahari]

70. Sintomi. Cure. Parte 2

dolore (m), male (m)	**sakit**	[sakit]
scheggia (f)	**selumbar**	[selumbar]

sudore (m)	**keringat**	[keriŋat]
sudare (vi)	**berkeringat**	[bərkeriŋat]
vomito (m)	**muntah**	[muntah]
convulsioni (f pl)	**kram**	[kram]

incinta (agg)	**hamil**	[hamil]
nascere (vi)	**lahir**	[lahir]
parto (m)	**persalinan**	[pərsalinan]
essere in travaglio di parto	**melahirkan**	[melahirkan]
aborto (m)	**aborsi**	[aborsi]

respirazione (f)	**pernapasan**	[pərnapasan]
inspirazione (f)	**tarikan napas**	[tarikan napas]
espirazione (f)	**napas keluar**	[napas keluar]
espirare (vi)	**mengembuskan napas**	[məŋembuskan napas]
inspirare (vi)	**menarik napas**	[mənari' napas]
invalido (m)	**penderita cacat**	[penderita tʃatʃat]
storpio (m)	**penderita cacat**	[penderita tʃatʃat]

drogato (m)	pecandu narkoba	[petʃandu narkoba]
sordo (agg)	tunarungu	[tunaruŋu]
muto (agg)	tunawicara	[tunawitʃara]
sordomuto (agg)	tunarungu-wicara	[tunaruŋu-witʃara]
matto (agg)	gila	[gila]
matto (m)	lelaki gila	[lelaki gila]
matta (f)	perempuan gila	[pərempuan gila]
impazzire (vi)	menggila	[məŋgila]
gene (m)	gen	[gen]
immunità (f)	imunitas	[imunitas]
ereditario (agg)	turun-temurun	[turun-temurun]
innato (agg)	bawaan	[bawaʔan]
virus (m)	virus	[virus]
microbo (m)	mikroba	[mikroba]
batterio (m)	bakteri	[bakteri]
infezione (f)	infeksi	[infeksi]

71. Sintomi. Cure. Parte 3

ospedale (m)	rumah sakit	[rumah sakit]
paziente (m)	pasien	[pasien]
diagnosi (f)	diagnosis	[diagnosis]
cura (f)	perawatan	[pərawatan]
trattamento (m)	pengobatan medis	[pəŋobatan medis]
curarsi (vr)	berobat	[bərobat]
curare (vt)	merawat	[merawat]
accudire (un malato)	merawat	[merawat]
assistenza (f)	pengasuhan	[peŋasuhan]
operazione (f)	operasi, pembedahan	[operasi], [pembedahan]
bendare (vt)	membalut	[membalut]
fasciatura (f)	pembalutan	[pembalutan]
vaccinazione (f)	vaksinasi	[vaksinasi]
vaccinare (vt)	memvaksinasi	[memvaksinasi]
iniezione (f)	suntikan	[suntikan]
fare una puntura	menyuntik	[mənyuntiʔ]
attacco (m) (~ epilettico)	serangan	[seraŋan]
amputazione (f)	amputasi	[amputasi]
amputare (vt)	mengamputasi	[məŋamputasi]
coma (m)	koma	[koma]
essere in coma	dalam keadaan koma	[dalam keadaʔan koma]
rianimazione (f)	perawatan intensif	[pərawatan intensif]
guarire (vi)	sembuh	[sembuh]
stato (f) (del paziente)	keadaan	[keadaʔan]
conoscenza (f)	kesadaran	[kesadaran]
memoria (f)	memori, daya ingat	[memori], [daja iŋat]
estrarre (~ un dente)	mencabut	[məntʃabut]

| otturazione (f) | tambalan | [tambalan] |
| otturare (vt) | menambal | [mənambal] |

| ipnosi (f) | hipnosis | [hipnosis] |
| ipnotizzare (vt) | menghipnosis | [məŋhipnosis] |

72. Medici

medico (m)	dokter	[dokter]
infermiera (f)	suster, juru rawat	[suster], [dʒuru rawat]
medico (m) personale	dokter pribadi	[dokter pribadi]

dentista (m)	dokter gigi	[dokter gigi]
oculista (m)	dokter mata	[dokter mata]
internista (m)	ahli penyakit dalam	[ahli penjakit dalam]
chirurgo (m)	dokter bedah	[dokter bedah]

psichiatra (m)	psikiater	[psikiater]
pediatra (m)	dokter anak	[dokter anaʔ]
psicologo (m)	psikolog	[psikolog]
ginecologo (m)	ginekolog	[ginekolog]
cardiologo (m)	kardiolog	[kardiolog]

73. Medicinali. Farmaci. Accessori

medicina (f)	obat	[obat]
rimedio (m)	obat	[obat]
prescrivere (vt)	meresepkan	[meresepkan]
prescrizione (f)	resep	[resep]

compressa (f)	pil, tablet	[pil], [tablet]
unguento (m)	salep	[salep]
fiala (f)	ampul	[ampul]
pozione (f)	obat cair	[obat tʃajr]
sciroppo (m)	sirop	[sirop]
pillola (f)	pil	[pil]
polverina (f)	bubuk	[bubuʔ]

benda (f)	perban	[perban]
ovatta (f)	kapas	[kapas]
iodio (m)	iodium	[iodium]

cerotto (m)	plester obat	[plester obat]
contagocce (m)	tetes mata	[tetes mata]
termometro (m)	termometer	[tərmometər]
siringa (f)	alat suntik	[alat suntiʔ]

| sedia (f) a rotelle | kursi roda | [kursi roda] |
| stampelle (f pl) | kruk | [kruʔ] |

| analgesico (m) | obat bius | [obat bius] |
| lassativo (m) | laksatif, obat pencuci perut | [laksatif], [obat pentʃutʃi pərut] |

alcol (m)	spiritus, alkohol	[spiritus], [alkohol]
erba (f) officinale	tanaman obat	[tanaman obat]
d'erbe (infuso ~)	herbal	[herbal]

74. Fumo. Prodotti di tabaccheria

tabacco (m)	tembakau	[tembakau]
sigaretta (f)	rokok	[roko⁷]
sigaro (m)	cerutu	[t͡ʃerutu]
pipa (f)	pipa	[pipa]
pacchetto (m) (di sigarette)	bungkus	[buŋkus]

fiammiferi (m pl)	korek api	[kore' api]
scatola (f) di fiammiferi	kotak korek api	[kota' kore' api]
accendino (m)	pemantik	[pemanti']
portacenere (m)	asbak	[asba']
portasigarette (m)	selepa	[selepa]

| bocchino (m) | pemegang rokok | [pemegaŋ roko'] |
| filtro (m) | filter | [filter] |

fumare (vi, vt)	merokok	[meroko']
accendere una sigaretta	menyulut rokok	[mənyulut roko']
fumo (m)	merokok	[meroko']
fumatore (m)	perokok	[pəroko']

cicca (f), mozzicone (m)	puntung rokok	[puntuŋ roko']
fumo (m)	asap	[asap]
cenere (f)	abu	[abu]

HABITAT UMANO

Città

75. Città. Vita di città

città (f)	kota	[kota]
capitale (f)	ibu kota	[ibu kota]
villaggio (m)	desa	[desa]
mappa (f) della città	peta kota	[peta kota]
centro (m) della città	pusat kota	[pusat kota]
sobborgo (m)	pinggir kota	[piŋgir kota]
suburbano (agg)	pinggir kota	[piŋgir kota]
periferia (f)	pinggir	[piŋgir]
dintorni (m pl)	daerah sekitarnya	[daerah sekitarnja]
isolato (m)	blok	[bloʔ]
quartiere residenziale	blok perumahan	[bloʔ pərumahan]
traffico (m)	lalu lintas	[lalu lintas]
semaforo (m)	lampu lalu lintas	[lampu lalu lintas]
trasporti (m pl) urbani	angkot	[aŋkot]
incrocio (m)	persimpangan	[pərsimpaŋan]
passaggio (m) pedonale	penyeberangan	[penjeberaŋan]
sottopassaggio (m)	terowongan penyeberangan	[tərowoŋan penjeberaŋan]
attraversare (vt)	menyeberang	[mənjeberaŋ]
pedone (m)	pejalan kaki	[pedʒʲalan kaki]
marciapiede (m)	trotoar	[trotoar]
ponte (m)	jembatan	[dʒʲembatan]
banchina (f)	tepi sungai	[tepi suŋaj]
fontana (f)	air mancur	[air mantʃur]
vialetto (m)	jalan kecil	[dʒʲalan ketʃil]
parco (m)	taman	[taman]
boulevard (m)	bulevar, adimarga	[bulevar], [adimarga]
piazza (f)	lapangan	[lapaŋan]
viale (m), corso (m)	jalan raya	[dʒʲalan raja]
via (f), strada (f)	jalan	[dʒʲalan]
vicolo (m)	gang	[gaŋ]
vicolo (m) cieco	jalan buntu	[dʒʲalan buntu]
casa (f)	rumah	[rumah]
edificio (m)	gedung	[geduŋ]
grattacielo (m)	pencakar langit	[pentʃakar laŋit]
facciata (f)	bagian depan	[bagian depan]

tetto (m)	atap	[atap]
finestra (f)	jendela	[dʒ'endela]
arco (m)	lengkungan	[leŋkuŋan]
colonna (f)	pilar	[pilar]
angolo (m)	sudut	[sudut]

vetrina (f)	etalase	[etalase]
insegna (f) (di negozi, ecc.)	papan nama	[papan nama]
cartellone (m)	poster	[poster]
cartellone (m) pubblicitario	poster iklan	[poster iklan]
tabellone (m) pubblicitario	papan iklan	[papan iklan]

pattume (m), spazzatura (f)	sampah	[sampah]
pattumiera (f)	tong sampah	[toŋ sampah]
sporcare (vi)	menyampah	[mənjampah]
discarica (f) di rifiuti	tempat pemrosesan akhir (TPA)	[tempat pemrosesan ahir]

cabina (f) telefonica	gardu telepon umum	[gardu telepon umum]
lampione (m)	tiang lampu	[tiaŋ lampu]
panchina (f)	bangku	[baŋku]

poliziotto (m)	polisi	[polisi]
polizia (f)	polisi, kepolisian	[polisi], [kepolisian]
mendicante (m)	pengemis	[peŋemis]
barbone (m)	tuna wisma	[tuna wisma]

76. Servizi cittadini

negozio (m)	toko	[toko]
farmacia (f)	apotek, toko obat	[apotek], [toko obat]
ottica (f)	optik	[opti']
centro (m) commerciale	toserba	[toserba]
supermercato (m)	pasar swalayan	[pasar swalajan]

panetteria (f)	toko roti	[toko roti]
fornaio (m)	pembuat roti	[pembuat roti]
pasticceria (f)	toko kue	[toko kue]
drogheria (f)	toko pangan	[toko paŋan]
macelleria (f)	toko daging	[toko dagiŋ]

| fruttivendolo (m) | toko sayur | [toko sajur] |
| mercato (m) | pasar | [pasar] |

caffè (m)	warung kopi	[waruŋ kopi]
ristorante (m)	restoran	[restoran]
birreria (f), pub (m)	kedai bir	[kedaj bir]
pizzeria (f)	kedai piza	[kedaj piza]

salone (m) di parrucchiere	salon rambut	[salon rambut]
ufficio (m) postale	kantor pos	[kantor pos]
lavanderia (f) a secco	penatu kimia	[penatu kimia]
studio (m) fotografico	studio foto	[studio foto]
negozio (m) di scarpe	toko sepatu	[toko sepatu]

libreria (f)	**toko buku**	[toko buku]
negozio (m) sportivo	**toko alat olahraga**	[toko alat olahraga]
riparazione (f) di abiti	**reparasi pakaian**	[reparasi pakajan]
noleggio (m) di abiti	**rental pakaian**	[rental pakajan]
noleggio (m) di film	**rental film**	[rental film]
circo (m)	**sirkus**	[sirkus]
zoo (m)	**kebun binatang**	[kebun binataŋ]
cinema (m)	**bioskop**	[bioskop]
museo (m)	**museum**	[museum]
biblioteca (f)	**perpustakaan**	[pərpustaka'an]
teatro (m)	**teater**	[teater]
teatro (m) dell'opera	**opera**	[opera]
locale notturno (m)	**klub malam**	[klub malam]
casinò (m)	**kasino**	[kasino]
moschea (f)	**masjid**	[masdʒid]
sinagoga (f)	**sinagoga, kanisah**	[sinagoga], [kanisah]
cattedrale (f)	**katedral**	[katedral]
tempio (m)	**kuil, candi**	[kuil], [tʃandi]
chiesa (f)	**gereja**	[geredʒ'a]
istituto (m)	**institut, perguruan tinggi**	[institut], [pərguruan tiŋgi]
università (f)	**universitas**	[universitas]
scuola (f)	**sekolah**	[sekolah]
prefettura (f)	**prefektur, distrik**	[prefektur], [distri']
municipio (m)	**balai kota**	[balaj kota]
albergo, hotel (m)	**hotel**	[hotel]
banca (f)	**bank**	[ban']
ambasciata (f)	**kedutaan besar**	[keduta'an besar]
agenzia (f) di viaggi	**kantor pariwisata**	[kantor pariwisata]
ufficio (m) informazioni	**kantor penerangan**	[kantor peneraŋan]
ufficio (m) dei cambi	**kantor penukaran uang**	[kantor penukaran uaŋ]
metropolitana (f)	**kereta api bawah tanah**	[kereta api bawah tanah]
ospedale (m)	**rumah sakit**	[rumah sakit]
distributore (m) di benzina	**SPBU, stasiun bensin**	[es-pe-be-u], [stasjun bensin]
parcheggio (m)	**tempat parkir**	[tempat parkir]

77. Mezzi pubblici in città

autobus (m)	**bus**	[bus]
tram (m)	**trem**	[trem]
filobus (m)	**bus listrik**	[bus listri']
itinerario (m)	**trayek**	[trae']
numero (m)	**nomor**	[nomor]
andare in ...	**naik ...**	[nai' ...]
salire (~ sull'autobus)	**naik**	[nai']

scendere da ...	turun ...	[turun ...]
fermata (f) (~ dell'autobus)	halte, pemberhentian	[halte], [pemberhentian]
prossima fermata (f)	halte berikutnya	[halte bərikutnja]
capolinea (m)	halte terakhir	[halte tərahir]
orario (m)	jadwal	[dʒ'adwal]
aspettare (vt)	menunggu	[mənuŋgu]
biglietto (m)	tiket	[tiket]
prezzo (m) del biglietto	harga karcis	[harga kartʃis]
cassiere (m)	kasir	[kasir]
controllo (m) dei biglietti	pemeriksaan tiket	[pemeriksa'an tiket]
bigliettaio (m)	kondektur	[kondektur]
essere in ritardo	terlambat ...	[tərlambat ...]
perdere (~ il treno)	ketinggalan	[ketiŋgalan]
avere fretta	tergesa-gesa	[tərgesa-gesa]
taxi (m)	taksi	[taksi]
taxista (m)	sopir taksi	[sopir taksi]
in taxi	naik taksi	[nai' taksi]
parcheggio (m) di taxi	pangkalan taksi	[paŋkalan taksi]
chiamare un taxi	memanggil taksi	[memaŋgil taksi]
prendere un taxi	menaiki taksi	[mənajki taksi]
traffico (m)	lalu lintas	[lalu lintas]
ingorgo (m)	kemacetan lalu lintas	[kematʃetan lalu lintas]
ore (f pl) di punta	jam sibuk	[dʒ'am sibu']
parcheggiarsi (vr)	parkir	[parkir]
parcheggiare (vt)	memarkir	[memarkir]
parcheggio (m)	tempat parkir	[tempat parkir]
metropolitana (f)	kereta api bawah tanah	[kereta api bawah tanah]
stazione (f)	stasiun	[stasiun]
prendere la metropolitana	naik kereta api bawah tanah	[nai' kereta api bawah tanah]
treno (m)	kereta api	[kereta api]
stazione (f) ferroviaria	stasiun kereta api	[stasiun kereta api]

78. Visita turistica

monumento (m)	monumen, patung	[monumen], [patuŋ]
fortezza (f)	benteng	[benteŋ]
palazzo (m)	istana	[istana]
castello (m)	kastil	[kastil]
torre (f)	menara	[mənara]
mausoleo (m)	mausoleum	[mausoleum]
architettura (f)	arsitektur	[arsitektur]
medievale (agg)	abad pertengahan	[abad pərteŋahan]
antico (agg)	kuno	[kuno]
nazionale (agg)	nasional	[nasional]
famoso (agg)	terkenal	[tərkenal]
turista (m)	turis, wisatawan	[turis], [wisatawan]

guida (f)	pemandu wisata	[pemandu wisata]
escursione (f)	ekskursi	[ekskursi]
fare vedere	menunjukkan	[mənundʒiuʔkan]
raccontare (vt)	menceritakan	[məntʃeritakan]

trovare (vt)	mendapatkan	[məndapatkan]
perdersi (vr)	tersesat	[tərsesat]
mappa (f)	denah	[denah]
(~ della metropolitana)		
piantina (f) (~ della città)	peta	[peta]

souvenir (m)	suvenir	[suvenir]
negozio (m) di articoli	toko suvenir	[toko suvenir]
da regalo		

| fare foto | memotret | [memotret] |
| fotografarsi | berfoto | [bərfoto] |

79. Acquisti

comprare (vt)	membeli	[membeli]
acquisto (m)	belanjaan	[belandʒia'an]
fare acquisti	berbelanja	[bərbelandʒia]
shopping (m)	berbelanja	[bərbelandʒia]

| essere aperto (negozio) | buka | [buka] |
| essere chiuso | tutup | [tutup] |

calzature (f pl)	sepatu	[sepatu]
abbigliamento (m)	pakaian	[pakajan]
cosmetica (f)	kosmetik	[kosmetiʔ]
alimentari (m pl)	produk makanan	[produʔ makanan]
regalo (m)	hadiah	[hadiah]

| commesso (m) | pramuniaga | [pramuniaga] |
| commessa (f) | pramuniaga perempuan | [pramuniaga pərempuan] |

cassa (f)	kas	[kas]
specchio (m)	cermin	[tʃermin]
banco (m)	konter	[konter]
camerino (m)	kamar pas	[kamar pas]

provare (~ un vestito)	mengepas	[məŋepas]
stare bene (vestito)	pas, cocok	[pas], [tʃotʃoʔ]
piacere (vi)	suka	[suka]

prezzo (m)	harga	[harga]
etichetta (f) del prezzo	label harga	[label harga]
costare (vt)	berharga	[bərharga]
Quanto?	Berapa?	[bərapa?]
sconto (m)	diskon	[diskon]

no muy caro (agg)	tidak mahal	[tidaʔ mahal]
a buon mercato	murah	[murah]
caro (agg)	mahal	[mahal]

È caro	Ini mahal	[ini mahal]
noleggio (m)	rental, persewaan	[rental], [pərsewa'an]
noleggiare (~ un abito)	menyewa	[mənjewa]
credito (m)	kredit	[kredit]
a credito	secara kredit	[setʃara kredit]

80. Denaro

soldi (m pl)	uang	[uaŋ]
cambio (m)	pertukaran mata uang	[pərtukaran mata uaŋ]
corso (m) di cambio	nilai tukar	[nilaj tukar]
bancomat (m)	Anjungan Tunai Mandiri, ATM	[andʒ'uŋan tunaj mandiri], [a-te-em]
moneta (f)	koin	[koin]

| dollaro (m) | dolar | [dolar] |
| euro (m) | euro | [euro] |

lira (f)	lira	[lira]
marco (m)	Mark Jerman	[mar' dʒ'erman]
franco (m)	franc	[frantʃ]
sterlina (f)	poundsterling	[paundsterliŋ]
yen (m)	yen	[yen]

debito (m)	utang	[utaŋ]
debitore (m)	pengutang	[peŋutaŋ]
prestare (~ i soldi)	meminjamkan	[memindʒ'amkan]
prendere in prestito	meminjam	[memindʒ'am]

banca (f)	bank	[ban']
conto (m)	rekening	[rekeniŋ]
versare (vt)	memasukkan	[memasu'kan]
versare sul conto	memasukkan ke rekening	[memasu'kan ke rekeniŋ]
prelevare dal conto	menarik uang	[menari' uaŋ]

carta (f) di credito	kartu kredit	[kartu kredit]
contanti (m pl)	uang kontan, uang tunai	[uaŋ kontan], [uaŋ tunaj]
assegno (m)	cek	[tʃe']
emettere un assegno	menulis cek	[mənulis tʃe']
libretto (m) di assegni	buku cek	[buku tʃe']

portafoglio (m)	dompet	[dompet]
borsellino (m)	dompet, pundi-pundi	[dompet], [pundi-pundi]
cassaforte (f)	brankas	[brankas]

erede (m)	pewaris	[pewaris]
eredità (f)	warisan	[warisan]
fortuna (f)	kekayaan	[kekaja'an]

affitto (m), locazione (f)	sewa	[sewa]
canone (m) d'affitto	uang sewa	[uaŋ sewa]
affittare (dare in affitto)	menyewa	[mənjewa]
prezzo (m)	harga	[harga]
costo (m)	harga	[harga]

somma (f)	jumlah	[dʒumlah]
spendere (vt)	menghabiskan	[məŋhabiskan]
spese (f pl)	ongkos	[oŋkos]
economizzare (vi, vt)	menghemat	[məŋhemat]
economico (agg)	hemat	[hemat]

pagare (vi, vt)	membayar	[membajar]
pagamento (m)	pembayaran	[pembajaran]
resto (m) (dare il ~)	kembalian	[kembalian]

imposta (f)	pajak	[padʒaʔ]
multa (f), ammenda (f)	denda	[denda]
multare (vt)	mendenda	[məndenda]

81. Posta. Servizio postale

ufficio (m) postale	kantor pos	[kantor pos]
posta (f) (lettere, ecc.)	surat	[surat]
postino (m)	tukang pos	[tukaŋ pos]
orario (m) di apertura	jam buka	[dʒam buka]

lettera (f)	surat	[surat]
raccomandata (f)	surat tercatat	[surat tərtʃatat]
cartolina (f)	kartu pos	[kartu pos]
telegramma (m)	telegram	[telegram]
pacco (m) postale	parsel, paket pos	[parsel], [paket pos]
vaglia (m) postale	wesel pos	[wesel pos]

ricevere (vt)	menerima	[mənerima]
spedire (vt)	mengirim	[məŋirim]
invio (m)	pengiriman	[peŋiriman]

indirizzo (m)	alamat	[alamat]
codice (m) postale	kode pos	[kode pos]
mittente (m)	pengirim	[peŋirim]
destinatario (m)	penerima	[penerima]

nome (m)	nama	[nama]
cognome (m)	nama keluarga	[nama keluarga]

tariffa (f)	tarif	[tarif]
ordinario (agg)	biasa, standar	[biasa], [standar]
standard (agg)	ekonomis	[ekonomis]

peso (m)	berat	[berat]
pesare (vt)	menimbang	[mənimbaŋ]
busta (f)	amplop	[amplop]
francobollo (m)	prangko	[praŋko]
affrancare (vt)	menempelkan prangko	[mənempelkan praŋko]

Abitazione. Casa

82. Casa. Abitazione

casa (f)	rumah	[rumah]
a casa	di rumah	[di rumah]
cortile (m)	pekarangan	[pekaraŋan]
recinto (m)	pagar	[pagar]
mattone (m)	bata, batu bata	[bata], [batu bata]
di mattoni	bata, batu bata	[bata], [batu bata]
pietra (f)	batu	[batu]
di pietra	batu	[batu]
beton (m)	beton	[beton]
di beton	beton	[beton]
nuovo (agg)	baru	[baru]
vecchio (agg)	tua	[tua]
fatiscente (edificio ~)	reyot	[reyot]
moderno (agg)	modern	[modern]
a molti piani	susun	[susun]
alto (agg)	tinggi	[tiŋgi]
piano (m)	lantai	[lantaj]
di un piano	berlantai satu	[bərlantaj satu]
pianoterra (m)	lantai bawah	[lantaj bawah]
ultimo piano (m)	lantai atas	[lantaj atas]
tetto (m)	atap	[atap]
ciminiera (f)	cerobong	[tʃeroboŋ]
tegola (f)	genting	[gentiŋ]
di tegole	bergenting	[bərgentiŋ]
soffitta (f)	loteng	[loteŋ]
finestra (f)	jendela	[dʒʲendela]
vetro (m)	kaca	[katʃa]
davanzale (m)	ambang jendela	[ambaŋ dʒʲendela]
imposte (f pl)	daun jendela	[daun dʒʲendela]
muro (m)	dinding	[dindiŋ]
balcone (m)	balkon	[balkon]
tubo (m) pluviale	pipa talang	[pipa talaŋ]
su, di sopra	di atas	[di atas]
andare di sopra	naik	[naiʔ]
scendere (vi)	turun	[turun]
trasferirsi (vr)	pindah	[pindah]

83. Casa. Ingresso. Ascensore

entrata (f)	pintu masuk	[pintu masuʔ]
scala (f)	tangga	[taŋga]
gradini (m pl)	anak tangga	[anaʔ taŋga]
ringhiera (f)	pegangan tangan	[pegaŋan taŋan]
hall (f) (atrio d'ingresso)	lobi, ruang depan	[lobi], [ruaŋ depan]
cassetta (f) della posta	kotak pos	[kotaʔ pos]
secchio (m) della spazzatura	tong sampah	[toŋ sampah]
scivolo (m) per la spazzatura	saluran pembuangan sampah	[saluran pembuaŋan sampah]
ascensore (m)	elevator	[elevator]
montacarichi (m)	lift barang	[lift baraŋ]
cabina (f) di ascensore	kabin lift	[kabin lift]
prendere l'ascensore	naik elevator	[naiʔ elevator]
appartamento (m)	apartemen	[apartemen]
inquilini (m pl)	penghuni	[peŋhuni]
vicino (m)	tetangga	[tetaŋga]
vicina (f)	tetangga	[tetaŋga]
vicini (m pl)	para tetangga	[para tetaŋga]

84. Casa. Porte. Serrature

porta (f)	pintu	[pintu]
cancello (m)	pintu gerbang	[pintu gerbaŋ]
maniglia (f)	gagang pintu	[gagaŋ pintu]
togliere il catenaccio	membuka kunci	[membuka kuntʃi]
aprire (vt)	membuka	[membuka]
chiudere (vt)	menutup	[mənutup]
chiave (f)	kunci	[kuntʃi]
mazzo (m)	serangkaian kunci	[seraŋkajan kuntʃi]
cigolare (vi)	bergerit	[bərgerit]
cigolio (m)	gerit	[gerit]
cardine (m)	engsel	[eŋsel]
zerbino (m)	tikar	[tikar]
serratura (f)	kunci pintu	[kuntʃi pintu]
buco (m) della serratura	lubang kunci	[lubaŋ kuntʃi]
chiavistello (m)	gerendel	[gerendel]
catenaccio (m)	gerendel	[gerendel]
lucchetto (m)	gembok	[gemboʔ]
suonare (~ il campanello)	membunyikan	[membunjikan]
suono (m)	dering	[deriŋ]
campanello (m)	bel	[bel]
pulsante (m)	kenop	[kenop]
bussata (f)	ketukan	[ketukan]
bussare (vi)	mengetuk	[məŋetuʔ]

codice (m)	kode	[kode]
serratura (f) a codice	gembok berkode	[gembo' bərkode]
citofono (m)	interkom	[interkom]
numero (m) (~ civico)	nomor	[nomor]
targhetta (f) di porta	papan tanda	[papan tanda]
spioncino (m)	lubang intip	[lubaŋ intip]

85. Casa di campagna

villaggio (m)	desa	[desa]
orto (m)	kebun sayur	[kebun sajur]
recinto (m)	pagar	[pagar]
steccato (m)	pagar	[pagar]
cancelletto (m)	pintu pagar	[pintu pagar]

granaio (m)	lumbung	[lumbuŋ]
cantina (f), scantinato (m)	kelder	[kelder]
capanno (m)	gubuk	[gubu']
pozzo (m)	sumur	[sumur]

stufa (f)	tungku	[tuŋku]
attizzare (vt)	menyalakan tungku	[mənjalakan tuŋku]
legna (f) da ardere	kayu bakar	[kaju bakar]
ciocco (m)	potongan kayu bakar	[potoŋan kaju bakar]

veranda (f)	beranda	[bəranda]
terrazza (f)	teras	[teras]
scala (f) d'ingresso	anjungan depan	[andʒʲuŋan depan]
altalena (f)	ayunan	[ajunan]

86. Castello. Reggia

castello (m)	kastil	[kastil]
palazzo (m)	istana	[istana]
fortezza (f)	benteng	[bentŋ]

muro (m)	tembok	[tembo']
torre (f)	menara	[mənara]
torre (f) principale	menara utama	[mənara utama]

saracinesca (f)	jeruji pintu kota	[dʒʲerudʒi pintu kota]
tunnel (m)	jalan bawah tanah	[dʒʲalan bawah tanah]
fossato (m)	parit	[parit]

| catena (f) | rantai | [rantaj] |
| feritoia (f) | laras panah, lop panah | [laras panah], [lop panah] |

| magnifico (agg) | megah | [megah] |
| maestoso (agg) | megah sekali | [megah sekali] |

| inespugnabile (agg) | sulit dicapai | [sulit ditʃapaj] |
| medievale (agg) | abad pertengahan | [abad pərteŋahan] |

87. Appartamento

appartamento (m)	apartemen	[apartemen]
camera (f), stanza (f)	kamar	[kamar]
camera (f) da letto	kamar tidur	[kamar tidur]
sala (f) da pranzo	ruang makan	[ruaŋ makan]
salotto (m)	ruang tamu	[ruaŋ tamu]
studio (m)	ruang kerja	[ruaŋ kerdʒʲa]
ingresso (m)	ruang depan	[ruaŋ depan]
bagno (m)	kamar mandi	[kamar mandi]
gabinetto (m)	kamar kecil	[kamar ketʃil]
soffitto (m)	plafon, langit-langit	[plafon], [laŋit-laŋit]
pavimento (m)	lantai	[lantaj]
angolo (m)	sudut	[sudut]

88. Appartamento. Pulizie

pulire (vt)	membereskan	[membereskan]
mettere via	meletakkan	[meletaʔkan]
polvere (f)	debu	[debu]
impolverato (agg)	debu	[debu]
spolverare (vt)	menyapu debu	[mənjapu debu]
aspirapolvere (m)	pengisap debu	[peŋisap debu]
passare l'aspirapolvere	membersihkan dengan pengisap debu	[membersihkan deŋan peŋisap debu]
spazzare (vi, vt)	menyapu	[mənjapu]
spazzatura (f)	sampah	[sampah]
ordine (m)	kerapian	[kerapian]
disordine (m)	berantakan	[bərantakan]
frettazzo (m)	kain pel	[kain pel]
strofinaccio (m)	lap	[lap]
scopa (f)	sapu lidi	[sapu lidi]
paletta (f)	pengki	[peŋki]

89. Arredamento. Interno

mobili (m pl)	mebel	[mebel]
tavolo (m)	meja	[medʒʲa]
sedia (f)	kursi	[kursi]
letto (m)	ranjang	[randʒʲaŋ]
divano (m)	dipan	[dipan]
poltrona (f)	kursi malas	[kursi malas]
libreria (f)	lemari buku	[lemari buku]
ripiano (m)	rak	[raʔ]
armadio (m)	lemari pakaian	[lemari pakajan]

| attaccapanni (m) da parete | kapstok | [kapsto'] |
| appendiabiti (m) da terra | kapstok berdiri | [kapsto' bərdiri] |

| comò (m) | lemari laci | [lemari latʃi] |
| tavolino (m) da salotto | meja kopi | [medʒi'a kopi] |

specchio (m)	cermin	[tʃermin]
tappeto (m)	permadani	[pərmadani]
tappetino (m)	karpet kecil	[karpet ketʃil]

camino (m)	perapian	[pərapian]
candela (f)	lilin	[lilin]
candeliere (m)	kaki lilin	[kaki lilin]

tende (f pl)	gorden	[gorden]
carta (f) da parati	kertas dinding	[kertas dindiŋ]
tende (f pl) alla veneziana	kerai	[keraj]

lampada (f) da tavolo	lampu meja	[lampu medʒi'a]
lampada (f) da parete	lampu dinding	[lampu dindiŋ]
lampada (f) a stelo	lampu lantai	[lampu lantaj]
lampadario (m)	lampu bercabang	[lampu bərtʃabaŋ]

gamba (f)	kaki	[kaki]
bracciolo (m)	lengan	[leŋan]
spalliera (f)	sandaran	[sandaran]
cassetto (m)	laci	[latʃi]

90. Biancheria da letto

biancheria (f) da letto	kain kasur	[kain kasur]
cuscino (m)	bantal	[bantal]
federa (f)	sarung bantal	[saruŋ bantal]
coperta (f)	selimut	[selimut]
lenzuolo (m)	seprai	[sepraj]
copriletto (m)	selubung kasur	[selubuŋ kasur]

91. Cucina

cucina (f)	dapur	[dapur]
gas (m)	gas	[gas]
fornello (m) a gas	kompor gas	[kompor gas]
fornello (m) elettrico	kompor listrik	[kompor listri']
forno (m)	oven	[oven]
forno (m) a microonde	microwave	[majkrowav]

frigorifero (m)	lemari es, kulkas	[lemari es], [kulkas]
congelatore (m)	lemari pembeku	[lemari pembeku]
lavastoviglie (f)	mesin pencuci piring	[mesin pentʃutʃi piriŋ]

| tritacarne (m) | alat pelumat daging | [alat pelumat dagiŋ] |
| spremifrutta (m) | mesin sari buah | [mesin sari buah] |

tostapane (m)	**alat pemanggang roti**	[alat pemaŋgaŋ roti]
mixer (m)	**pencampur**	[pentʃampur]
macchina (f) da caffè	**mesin pembuat kopi**	[mesin pembuat kopi]
caffettiera (f)	**teko kopi**	[teko kopi]
macinacaffè (m)	**mesin penggiling kopi**	[mesin peŋgiliŋ kopi]
bollitore (m)	**cerek**	[tʃereʔ]
teiera (f)	**teko**	[teko]
coperchio (m)	**tutup**	[tutup]
colino (m) da tè	**saringan teh**	[sariŋan teh]
cucchiaio (m)	**sendok**	[sendoʔ]
cucchiaino (m) da tè	**sendok teh**	[sendoʔ teh]
cucchiaio (m)	**sendok makan**	[sendoʔ makan]
forchetta (f)	**garpu**	[garpu]
coltello (m)	**pisau**	[pisau]
stoviglie (f pl)	**piring mangkuk**	[piriŋ maŋkuʔ]
piatto (m)	**piring**	[piriŋ]
piattino (m)	**alas cangkir**	[alas tʃaŋkir]
cicchetto (m)	**seloki**	[seloki]
bicchiere (m) (~ d'acqua)	**gelas**	[gelas]
tazzina (f)	**cangkir**	[tʃaŋkir]
zuccheriera (f)	**wadah gula**	[wadah gula]
saliera (f)	**wadah garam**	[wadah garam]
pepiera (f)	**wadah merica**	[wadah meritʃa]
burriera (f)	**wadah mentega**	[wadah mentega]
pentola (f)	**panci**	[pantʃi]
padella (f)	**kuali**	[kuali]
mestolo (m)	**sudu**	[sudu]
colapasta (m)	**saringan**	[sariŋan]
vassoio (m)	**talam**	[talam]
bottiglia (f)	**botol**	[botol]
barattolo (m) di vetro	**gelas**	[gelas]
latta, lattina (f)	**kaleng**	[kaleŋ]
apribottiglie (m)	**pembuka botol**	[pembuka botol]
apriscatole (m)	**pembuka kaleng**	[pembuka kaleŋ]
cavatappi (m)	**kotrek**	[kotreʔ]
filtro (m)	**saringan**	[sariŋan]
filtrare (vt)	**saringan**	[sariŋan]
spazzatura (f)	**sampah**	[sampah]
pattumiera (f)	**tong sampah**	[toŋ sampah]

92. Bagno

bagno (m)	**kamar mandi**	[kamar mandi]
acqua (f)	**air**	[air]

rubinetto (m)	keran	[keran]
acqua (f) calda	air panas	[air panas]
acqua (f) fredda	air dingin	[air diŋin]

dentifricio (m)	pasta gigi	[pasta gigi]
lavarsi i denti	menggosok gigi	[məŋgoso' gigi]
spazzolino (m) da denti	sikat gigi	[sikat gigi]

rasarsi (vr)	bercukur	[bərʧukur]
schiuma (f) da barba	busa cukur	[busa ʧukur]
rasoio (m)	pisau cukur	[pisau ʧukur]

lavare (vt)	mencuci	[mənʧuʧi]
fare un bagno	mandi	[mandi]
doccia (f)	pancuran	[panʧuran]
fare una doccia	mandi pancuran	[mandi panʧuran]

vasca (f) da bagno	bak mandi	[ba' mandi]
water (m)	kloset	[kloset]
lavandino (m)	wastafel	[wastafel]

| sapone (m) | sabun | [sabun] |
| porta (m) sapone | wadah sabun | [wadah sabun] |

spugna (f)	spons	[spons]
shampoo (m)	sampo	[sampo]
asciugamano (m)	handuk	[handu']
accappatoio (m)	jubah mandi	[ʤubah mandi]

bucato (m)	pencucian	[penʧuʧian]
lavatrice (f)	mesin cuci	[mesin ʧuʧi]
fare il bucato	mencuci	[mənʧuʧi]
detersivo (m) per il bucato	deterjen cuci	[deterʤen ʧuʧi]

93. Elettrodomestici

televisore (m)	pesawat TV	[pesawat ti-vi]
registratore (m) a nastro	alat perekam	[alat perekam]
videoregistratore (m)	video, VCR	[vidio], [vi-si-er]
radio (f)	radio	[radio]
lettore (m)	pemutar	[pemutar]

videoproiettore (m)	proyektor video	[proektor video]
home cinema (m)	bioskop rumah	[bioskop rumah]
lettore (m) DVD	pemutar DVD	[pemutar di-vi-di]
amplificatore (m)	penguat	[peŋuat]
console (f) video giochi	konsol permainan video	[konsol permajnan video]

videocamera (f)	kamera video	[kamera video]
macchina (f) fotografica	kamera	[kamera]
fotocamera (f) digitale	kamera digital	[kamera digital]

| aspirapolvere (m) | pengisap debu | [peŋisap debu] |
| ferro (m) da stiro | setrika | [setrika] |

asse (f) da stiro	papan setrika	[papan setrika]
telefono (m)	telepon	[telepon]
telefonino (m)	ponsel	[ponsel]
macchina (f) da scrivere	mesin ketik	[mesin keti']
macchina (f) da cucire	mesin jahit	[mesin dʒ'ahit]
microfono (m)	mikrofon	[mikrofon]
cuffia (f)	headphone, fonkepala	[headphone], [fonkepala]
telecomando (m)	panel kendali	[panel kendali]
CD (m)	cakram kompak	[tʃakram kompa']
cassetta (f)	kaset	[kaset]
disco (m) (vinile)	piringan hitam	[piriŋan hitam]

94. Riparazioni. Restauro

lavori (m pl) di restauro	renovasi	[renovasi]
rinnovare (ridecorare)	merenovasi	[merenovasi]
riparare (vt)	mereparasi, memperbaiki	[mereparasi], [memperbajki]
mettere in ordine	membereskan	[membereskan]
rifare (vt)	mengulangi	[məŋulaŋi]
pittura (f)	cat	[tʃat]
pitturare (~ un muro)	mengecat	[mənetʃat]
imbianchino (m)	tukang cat	[tukaŋ tʃat]
pennello (m)	kuas	[kuas]
imbiancatura (f)	cat kapur	[tʃat kapur]
imbiancare (vt)	mengapur	[məŋapur]
carta (f) da parati	kertas dinding	[kertas dindiŋ]
tappezzare (vt)	memasang kertas dinding	[memasaŋ kertas dindiŋ]
vernice (f)	pernis	[pernis]
verniciare (vt)	memernis	[memernis]

95. Impianto idraulico

acqua (f)	air	[air]
acqua (f) calda	air panas	[air panas]
acqua (f) fredda	air dingin	[air diŋin]
rubinetto (m)	keran	[keran]
goccia (f)	tetes	[tetes]
gocciolare (vi)	menetes	[mənetes]
perdere (il tubo, ecc.)	bocor	[botʃor]
perdita (f) (~ dai tubi)	kebocoran	[kebotʃoran]
pozza (f)	kubangan	[kubaŋan]
tubo (m)	pipa	[pipa]
valvola (f)	katup	[katup]
intasarsi (vr)	tersumbat	[tersumbat]
strumenti (m pl)	peralatan	[pəralatan]

chiave (f) inglese	kunci inggris	[kunt∫i iŋgris]
svitare (vt)	mengendurkan	[məŋendurkan]
avvitare (stringere)	mengencangkan	[məŋent∫aŋkan]

stasare (vt)	membersihkan	[membersihkan]
idraulico (m)	tukang pipa	[tukaŋ pipa]
seminterrato (m)	rubanah	[rubanah]
fognatura (f)	riol	[riol]

96. Incendio. Conflagrazione

fuoco (m)	kebakaran	[kebakaran]
fiamma (f)	nyala api	[njala api]
scintilla (f)	percikan api	[pərt∫ikan api]
fumo (m)	asap	[asap]
fiaccola (f)	obor	[obor]
falò (m)	api unggun	[api uŋgun]

benzina (f)	bensin	[bensin]
cherosene (m)	minyak tanah	[minja' tanah]
combustibile (agg)	mudah terbakar	[mudah tərbakar]
esplosivo (agg)	mudah meledak	[mudah meleda']
VIETATO FUMARE!	DILARANG MEROKOK!	[dilaraŋ meroko'!]

sicurezza (f)	keamanan	[keamanan]
pericolo (m)	bahaya	[bahaja]
pericoloso (agg)	berbahaya	[bərbahaja]

prendere fuoco	menyala	[mənjala]
esplosione (f)	ledakan	[ledakan]
incendiare (vt)	membakar	[membakar]
incendiario (m)	pelaku pembakaran	[pelaku pembakaran]
incendio (m) doloso	pembakaran	[pembakaran]

divampare (vi)	berkobar	[bərkobar]
bruciare (vi)	menyala	[mənjala]
bruciarsi (vr)	terbakar	[tərbakar]

chiamare i pompieri	memanggil pemadam kebakaran	[memaŋgil pemadam kebakaran]
pompiere (m)	pemadam kebakaran	[pemadam kebakaran]
autopompa (f)	branwir	[branwir]
corpo (m) dei pompieri	pemadam kebakaran	[pemadam kebakaran]
autoscala (f) da pompieri	tangga branwir	[taŋga branwir]

manichetta (f)	selang pemadam	[selaŋ pemadam]
estintore (m)	pemadam api	[pemadam api]
casco (m)	helm	[helm]
sirena (f)	sirene	[sirene]

gridare (vi)	berteriak	[bərteria']
chiamare in aiuto	meminta pertolongan	[meminta pərtoloŋan]
soccorritore (m)	penyelamat	[penjelamat]
salvare (vt)	menyelamatkan	[mənjelamatkan]

arrivare (vi)	datang	[dataŋ]
spegnere (vt)	memadamkan	[memadamkan]
acqua (f)	air	[air]
sabbia (f)	pasir	[pasir]
rovine (f pl)	reruntuhan	[reruntuhan]
crollare (edificio)	runtuh	[runtuh]
cadere (vi)	roboh	[roboh]
collassare (vi)	roboh	[roboh]
frammento (m)	serpihan	[serpihan]
cenere (f)	abu	[abu]
asfissiare (vi)	mati lemas	[mati lemas]
morire, perire (vi)	mati, tewas	[mati], [tewas]

ATTIVITÀ UMANA

Lavoro. Affari. Parte 1

97. Attività bancaria

banca (f)	bank	[banʔ]
filiale (f)	cabang	[ʧabaŋ]
consulente (m)	konsultan	[konsultan]
direttore (m)	manajer	[manadʒʲer]
conto (m) bancario	rekening	[rekeniŋ]
numero (m) del conto	nomor rekening	[nomor rekeniŋ]
conto (m) corrente	rekening koran	[rekeniŋ koran]
conto (m) di risparmio	rekening simpanan	[rekeniŋ simpanan]
aprire un conto	membuka rekening	[membuka rekeniŋ]
chiudere il conto	menutup rekening	[mənutup rekeniŋ]
versare sul conto	memasukkan ke rekening	[memasuʔkan ke rekeniŋ]
prelevare dal conto	menarik uang	[mənariʔ uaŋ]
deposito (m)	deposito	[deposito]
depositare (vt)	melakukan setoran	[melakukan setoran]
trasferimento (m) telegrafico	transfer kawat	[transfer kawat]
rimettere i soldi	mentransfer	[məntransfer]
somma (f)	jumlah	[dʒʲumlah]
Quanto?	Berapa?	[bərapa?]
firma (f)	tanda tangan	[tanda taŋan]
firmare (vt)	menandatangani	[mənandataŋani]
carta (f) di credito	kartu kredit	[kartu kredit]
codice (m)	kode	[kode]
numero (m) della carta di credito	nomor kartu kredit	[nomor kartu kredit]
bancomat (m)	Anjungan Tunai Mandiri, ATM	[andʒʲuŋan tunaj mandiri], [a-te-em]
assegno (m)	cek	[ʧeʔ]
emettere un assegno	menulis cek	[mənulis ʧeʔ]
libretto (m) di assegni	buku cek	[buku ʧeʔ]
prestito (m)	kredit, pinjaman	[kredit], [pindʒʲaman]
fare domanda per un prestito	meminta kredit	[meminta kredit]
ottenere un prestito	mendapatkan kredit	[məndapatkan kredit]
concedere un prestito	memberikan kredit	[memberikan kredit]
garanzia (f)	jaminan	[dʒʲaminan]

98. Telefono. Conversazione telefonica

telefono (m)	telepon	[telepon]
telefonino (m)	ponsel	[ponsel]
segreteria (f) telefonica	mesin penjawab panggilan	[mesin penʤawab paŋgilan]
telefonare (vi, vt)	menelepon	[mənelepon]
chiamata (f)	panggilan telepon	[paŋgilan telepon]
comporre un numero	memutar nomor telepon	[memutar nomor telepon]
Pronto!	Halo!	[halo!]
chiedere (domandare)	bertanya	[bərtanja]
rispondere (vi, vt)	menjawab	[mənʤawab]
udire (vt)	mendengar	[məndeŋar]
bene	baik	[baj']
male	buruk, jelek	[buruk], [ʤ'ele']
disturbi (m pl)	bising, gangguan	[bisiŋ], [gaŋguan]
cornetta (f)	gagang	[gagaŋ]
alzare la cornetta	mengangkat telepon	[məŋaŋkat telepon]
riattaccare la cornetta	menutup telepon	[mənutup telepon]
occupato (agg)	sibuk	[sibu']
squillare (del telefono)	berdering	[bərderiŋ]
elenco (m) telefonico	buku telepon	[buku telepon]
locale (agg)	lokal	[lokal]
telefonata (f) urbana	panggilan lokal	[paŋgilan lokal]
interurbano (agg)	interlokal	[interlokal]
telefonata (f) interurbana	panggilan interlokal	[paŋgilan interlokal]
internazionale (agg)	internasional	[internasional]
telefonata (f) internazionale	panggilan internasional	[paŋgilan internasional]

99. Telefono cellulare

telefonino (m)	ponsel	[ponsel]
schermo (m)	layar	[lajar]
tasto (m)	kenop	[kenop]
scheda SIM (f)	kartu SIM	[kartu sim]
pila (f)	baterai	[bateraj]
essere scarico	mati	[mati]
caricabatteria (m)	pengisi baterai, pengecas	[peɲisi bateraj], [peɲetʃas]
menù (m)	menu	[menu]
impostazioni (f pl)	penyetelan	[penjetelan]
melodia (f)	nada panggil	[nada paŋgil]
scegliere (vt)	memilih	[memilih]
calcolatrice (f)	kalkulator	[kalkulator]
segreteria (f) telefonica	penjawab telepon	[penʤawab telepon]
sveglia (f)	weker	[weker]

contatti (m pl)	buku telepon	[buku telepon]
messaggio (m) SMS	pesan singkat	[pesan siŋkat]
abbonato (m)	pelanggan	[pelaŋgan]

100. Articoli di cancelleria

| penna (f) a sfera | bolpen | [bolpen] |
| penna (f) stilografica | pena celup | [pena ʧelup] |

matita (f)	pensil	[pensil]
evidenziatore (m)	spidol	[spidol]
pennarello (m)	spidol	[spidol]

| taccuino (m) | buku catatan | [buku ʧatatan] |
| agenda (f) | agenda | [agenda] |

righello (m)	mistar, penggaris	[mistar], [peŋgaris]
calcolatrice (f)	kalkulator	[kalkulator]
gomma (f) per cancellare	karet penghapus	[karet peŋhapus]
puntina (f)	paku payung	[paku pajuŋ]
graffetta (f)	penjepit kertas	[pendʒiepit kertas]

colla (f)	lem	[lem]
pinzatrice (f)	stapler	[stapler]
perforatrice (f)	alat pelubang kertas	[alat pelubaŋ kertas]
temperamatite (m)	rautan pensil	[rautan pensil]

Lavoro. Affari. Parte 2

101. Mezzi di comunicazione di massa

giornale (m)	koran	[koran]
rivista (f)	majalah	[madʒialah]
stampa (f) (giornali, ecc.)	pers	[pers]
radio (f)	radio	[radio]
stazione (f) radio	stasiun radio	[stasiun radio]
televisione (f)	televisi	[televisi]
presentatore (m)	pembawa acara	[pembawa atʃara]
annunciatore (m)	penyiar	[penjiar]
commentatore (m)	komentator	[komentator]
giornalista (m)	wartawan	[wartawan]
corrispondente (m)	koresponden	[koresponden]
fotocronista (m)	fotografer pers	[fotografer pərs]
cronista (m)	reporter, pewarta	[reporter], [pewarta]
redattore (m)	editor, penyunting	[editor], [penyuntiŋ]
redattore capo (m)	editor kepala	[editor kepala]
abbonarsi a ...	berlangganan ...	[bərlaŋganan ...]
abbonamento (m)	langganan	[laŋganan]
abbonato (m)	pelanggan	[pelaŋgan]
leggere (vi, vt)	membaca	[membatʃa]
lettore (m)	pembaca	[pembatʃa]
tiratura (f)	oplah	[oplah]
mensile (agg)	bulanan	[bulanan]
settimanale (agg)	mingguan	[miŋguan]
numero (m)	edisi	[edisi]
fresco (agg)	baru	[baru]
testata (f)	kepala berita	[kepala bərita]
trafiletto (m)	artikel singkat	[artikel siŋkat]
rubrica (f)	kolom	[kolom]
articolo (m)	artikel	[artikel]
pagina (f)	halaman	[halaman]
servizio (m), reportage (m)	reportase	[reportase]
evento (m)	peristiwa, kejadian	[pəristiwa], [kedʒiadian]
sensazione (f)	sensasi	[sensasi]
scandalo (m)	skandal	[skandal]
scandaloso (agg)	penuh skandal	[penuh skandal]
enorme (un ~ scandalo)	besar	[besar]
trasmissione (f)	program	[program]
intervista (f)	wawancara	[wawantʃara]

| trasmissione (f) in diretta | siaran langsung | [siaran laŋsuŋ] |
| canale (m) | saluran | [saluran] |

102. Agricoltura

agricoltura (f)	pertanian	[pərtanian]
contadino (m)	petani	[petani]
contadina (f)	petani	[petani]
fattore (m)	petani	[petani]

| trattore (m) | traktor | [traktor] |
| mietitrebbia (f) | mesin pemanen | [mesin pemanen] |

aratro (m)	bajak	[badʒⁱaʔ]
arare (vt)	membajak, menenggala	[membadʒⁱak], [menenɡala]
terreno (m) coltivato	tanah garapan	[tanah garapan]
solco (m)	alur	[alur]

seminare (vt)	menanam	[mənanam]
seminatrice (f)	mesin penanam	[mesin penanam]
semina (f)	penanaman	[penanaman]

| falce (f) | sabit | [sabit] |
| falciare (vt) | menyabit | [mənjabit] |

| pala (f) | sekop | [sekop] |
| scavare (vt) | menggali | [məngali] |

zappa (f)	cangkul	[tʃaŋkul]
zappare (vt)	menyiangi	[mənjiaŋi]
erbaccia (f)	gulma	[gulma]

innaffiatoio (m)	kaleng penyiram	[kaleŋ penjiram]
innaffiare (vt)	menyiram	[mənjiram]
innaffiamento (m)	penyiraman	[penjiraman]

| forca (f) | garpu ramput | [garpu ramput] |
| rastrello (m) | penggaruk | [peŋgaruʔ] |

concime (m)	pupuk	[pupuʔ]
concimare (vt)	memupuk	[memupuʔ]
letame (m)	pupuk kandang	[pupuʔ kandaŋ]

campo (m)	ladang	[ladaŋ]
prato (m)	padang rumput	[padaŋ rumput]
orto (m)	kebun sayur	[kebun sajur]
frutteto (m)	kebun buah	[kebun buah]

pascolare (vt)	menggembalakan	[məngembalakan]
pastore (m)	penggembala	[peŋgembala]
pascolo (m)	padang penggembalaan	[padaŋ peŋgembalaʔan]

| allevamento (m) di bestiame | peternakan | [peternakan] |
| allevamento (m) di pecore | peternakan domba | [peternakan domba] |

piantagione (f)	perkebunan	[pərkebunan]
filare (m) (un ~ di alberi)	bedeng	[bedeŋ]
serra (f) da orto	rumah kaca	[rumah katʃa]

| siccità (f) | musim kering | [musim keriŋ] |
| secco, arido (un'estate ~a) | kering | [keriŋ] |

grano (m)	biji	[bidʒi]
cereali (m pl)	serealia	[serealia]
raccogliere (vt)	memanen	[memanen]

mugnaio (m)	penggiling	[peŋgiliŋ]
mulino (m)	kincir	[kintʃir]
macinare (~ il grano)	menggiling	[məŋgiliŋ]
farina (f)	tepung	[tepuŋ]
paglia (f)	jerami	[dʒʲerami]

103. Edificio. Attività di costruzione

cantiere (m) edile	lokasi pembangunan	[lokasi pembaŋunan]
costruire (vt)	membangun	[membaŋun]
operaio (m) edile	buruh bangunan	[buruh baŋunan]

progetto (m)	proyek	[proeʔ]
architetto (m)	arsitek	[arsiteʔ]
operaio (m)	buruh, pekerja	[buruh], [pekerdʒʲa]

fondamenta (f pl)	fondasi	[fondasi]
tetto (m)	atap	[atap]
palo (m) di fondazione	tiang fondasi	[tiaŋ fondasi]
muro (m)	dinding	[dindiŋ]

| barre (f pl) di rinforzo | kerangka besi | [keraŋka besi] |
| impalcatura (f) | perancah | [pərantʃah] |

beton (m)	beton	[beton]
granito (m)	granit	[granit]
pietra (f)	batu	[batu]
mattone (m)	bata, batu bata	[bata], [batu bata]

sabbia (f)	pasir	[pasir]
cemento (m)	semen	[semen]
intonaco (m)	lepa, plester	[lepa], [plester]
intonacare (vt)	melepa	[melepa]
pittura (f)	cat	[tʃat]
pitturare (vt)	mengecat	[məŋetʃat]
botte (f)	tong	[toŋ]

gru (f)	derek	[dereʔ]
sollevare (vt)	menaikkan	[mənajʔkan]
abbassare (vt)	menurunkan	[mənurunkan]

| bulldozer (m) | buldoser | [buldozer] |
| scavatrice (f) | ekskavator | [ekskavator] |

cucchiaia (f)	**sudu pengeruk**	[sudu peŋeru²]
scavare (vt)	**menggali**	[məŋgali]
casco (m) (~ di sicurezza)	**topi baja**	[topi badʒʲa]

Professioni e occupazioni

104. Ricerca di un lavoro. Licenziamento

lavoro (m)	kerja, pekerjaan	[kerʤa], [pekerʤa'an]
organico (m)	staf, personalia	[staf], [pərsonalia]
personale (m)	staf, personel	[staf], [pərsonel]
carriera (f)	karier	[karier]
prospettiva (f)	perspektif	[pərspektif]
abilità (f pl)	keterampilan	[keterampilan]
selezione (f) (~ del personale)	pilihan	[pilihan]
agenzia (f) di collocamento	biro tenaga kerja	[biro tenaga kerʤa]
curriculum vitae (f)	resume	[resume]
colloquio (m)	wawancara kerja	[wawanʧara kerʤa]
posto (m) vacante	lowongan	[lowoŋan]
salario (m)	gaji, upah	[gaʤi], [upah]
stipendio (m) fisso	gaji tetap	[gaʤi tetap]
compenso (m)	bayaran	[bajaran]
carica (f), funzione (f)	jabatan	[ʤabatan]
mansione (f)	tugas	[tugas]
mansioni (f pl) di lavoro	bidang tugas	[bidaŋ tugas]
occupato (agg)	sibuk	[sibu']
licenziare (vt)	memecat	[memeʧat]
licenziamento (m)	pemecatan	[pemeʧatan]
disoccupazione (f)	pengangguran	[peŋaŋguran]
disoccupato (m)	pengganggur	[peŋgaŋgur]
pensionamento (m)	pensiun	[pensiun]
andare in pensione	pensiun	[pensiun]

105. Gente d'affari

direttore (m)	direktur	[direktur]
dirigente (m)	manajer	[manaʤer]
capo (m)	bos, atasan	[bos], [atasan]
superiore (m)	atasan	[atasan]
capi (m pl)	atasan	[atasan]
presidente (m)	presiden	[presiden]
presidente (m) (impresa)	ketua, dirut	[ketua], [dirut]
vice (m)	wakil	[wakil]
assistente (m)	asisten	[asisten]

segretario (m)	**sekretaris**	[sekretaris]
assistente (m) personale	**asisten pribadi**	[asisten pribadi]
uomo (m) d'affari	**pengusaha, pebisnis**	[peɲusaha], [pebisnis]
imprenditore (m)	**pengusaha**	[peɲusaha]
fondatore (m)	**pendiri**	[pendiri]
fondare (vt)	**mendirikan**	[məndirikan]
socio (m)	**pendiri**	[pendiri]
partner (m)	**mitra**	[mitra]
azionista (m)	**pemegang saham**	[pemegaŋ saham]
milionario (m)	**jutawan**	[dʒʲutawan]
miliardario (m)	**miliarder**	[miliarder]
proprietario (m)	**pemilik**	[pemiliʔ]
latifondista (m)	**tuan tanah**	[tuan tanah]
cliente (m) (di professionista)	**klien**	[klien]
cliente (m) abituale	**klien tetap**	[klien tetap]
compratore (m)	**pembeli**	[pembeli]
visitatore (m)	**tamu**	[tamu]
professionista (m)	**profesional**	[profesional]
esperto (m)	**pakar, ahli**	[pakar], [ahli]
specialista (m)	**spesialis, ahli**	[spesialis], [ahli]
banchiere (m)	**bankir**	[bankir]
broker (m)	**broker, pialang**	[broker], [pialaŋ]
cassiere (m)	**kasir**	[kasir]
contabile (m)	**akuntan**	[akuntan]
guardia (f) giurata	**satpam, pengawal**	[satpam], [peɲawal]
investitore (m)	**investor**	[investor]
debitore (m)	**debitur**	[debitur]
creditore (m)	**kreditor**	[kreditor]
mutuatario (m)	**peminjam**	[pemindʒʲam]
importatore (m)	**importir**	[importir]
esportatore (m)	**eksportir**	[eksportir]
produttore (m)	**produsen**	[produsen]
distributore (m)	**penyalur**	[penjalur]
intermediario (m)	**perantara**	[pərantara]
consulente (m)	**konsultan**	[konsultan]
rappresentante (m)	**perwakilan penjualan**	[pərwakilan pendʒʲualan]
agente (m)	**agen**	[agen]
assicuratore (m)	**agen asuransi**	[agen asuransi]

106. Professioni amministrative

cuoco (m)	**koki, juru masak**	[koki], [dʒʲuru masaʔ]
capocuoco (m)	**koki kepala**	[koki kepala]

fornaio (m)	**pembuat roti**	[pembuat roti]
barista (m)	**pelayan bar**	[pelajan bar]
cameriere (m)	**pelayan lelaki**	[pelajan lelaki]
cameriera (f)	**pelayan perempuan**	[pelajan perempuan]
avvocato (m)	**advokat, pengacara**	[advokat], [peɲatʃara]
esperto (m) legale	**ahli hukum**	[ahli hukum]
notaio (m)	**notaris**	[notaris]
elettricista (m)	**tukang listrik**	[tukaŋ listriʔ]
idraulico (m)	**tukang pipa**	[tukaŋ pipa]
falegname (m)	**tukang kayu**	[tukaŋ kaju]
massaggiatore (m)	**tukang pijat lelaki**	[tukaŋ pidʒ'at lelaki]
massaggiatrice (f)	**tukang pijat perempuan**	[tukaŋ pidʒ'at perempuan]
medico (m)	**dokter**	[dokter]
taxista (m)	**sopir taksi**	[sopir taksi]
autista (m)	**sopir**	[sopir]
fattorino (m)	**kurir**	[kurir]
cameriera (f)	**pelayan kamar**	[pelajan kamar]
guardia (f) giurata	**satpam, pengawal**	[satpam], [peɲawal]
hostess (f)	**pramugari**	[pramugari]
insegnante (m, f)	**guru**	[guru]
bibliotecario (m)	**pustakawan**	[pustakawan]
traduttore (m)	**penerjemah**	[penerdʒ'emah]
interprete (m)	**juru bahasa**	[dʒ'uru bahasa]
guida (f)	**pemandu wisata**	[pemandu wisata]
parrucchiere (m)	**tukang cukur**	[tukaŋ tʃukur]
postino (m)	**tukang pos**	[tukaŋ pos]
commesso (m)	**pramuniaga**	[pramuniaga]
giardiniere (m)	**tukang kebun**	[tukaŋ kebun]
domestico (m)	**pramuwisma**	[pramuwisma]
domestica (f)	**pramuwisma**	[pramuwisma]
donna (f) delle pulizie	**pembersih ruangan**	[pembersih ruaŋan]

107. Professioni militari e gradi

soldato (m) semplice	**prajurit**	[pradʒ'urit]
sergente (m)	**sersan**	[sersan]
tenente (m)	**letnan**	[letnan]
capitano (m)	**kapten**	[kapten]
maggiore (m)	**mayor**	[major]
colonnello (m)	**kolonel**	[kolonel]
generale (m)	**jenderal**	[dʒ'enderal]
maresciallo (m)	**marsekal**	[marsekal]
ammiraglio (m)	**laksamana**	[laksamana]
militare (m)	**anggota militer**	[aŋgota militer]
soldato (m)	**tentara, serdadu**	[tentara], [serdadu]

| ufficiale (m) | perwira | [perwira] |
| comandante (m) | komandan | [komandan] |

guardia (f) di frontiera	penjaga perbatasan	[pendʒʲaga perbatasan]
marconista (m)	operator radio	[operator radio]
esploratore (m)	pengintai	[peɲintaj]
geniere (m)	pencari ranjau	[pentʃari randʒʲau]
tiratore (m)	petembak	[petembaʔ]
navigatore (m)	navigator, penavigasi	[navigator], [penavigasi]

108. Funzionari. Sacerdoti

| re (m) | raja | [radʒʲa] |
| regina (f) | ratu | [ratu] |

| principe (m) | pangeran | [paɲeran] |
| principessa (f) | putri | [putri] |

| zar (m) | tsar, raja | [tsar], [radʒʲa] |
| zarina (f) | tsarina, ratu | [tsarina], [ratu] |

presidente (m)	presiden	[presiden]
ministro (m)	Menteri Sekretaris	[menteri sekretaris]
primo ministro (m)	perdana menteri	[perdana menteri]
senatore (m)	senator	[senator]

diplomatico (m)	diplomat	[diplomat]
console (m)	konsul	[konsul]
ambasciatore (m)	duta besar	[duta besar]
consigliere (m)	penasihat	[penasihat]

funzionario (m)	petugas	[petugas]
prefetto (m)	prefek	[prefeʔ]
sindaco (m)	walikota	[walikota]

| giudice (m) | hakim | [hakim] |
| procuratore (m) | kejaksaan negeri | [kedʒʲaksaʔan negeri] |

missionario (m)	misionaris	[misionaris]
monaco (m)	biarawan, rahib	[biarawan], [rahib]
abate (m)	abbas	[abbas]
rabbino (m)	rabbi	[rabbi]

visir (m)	wazir	[wazir]
scià (m)	syah	[ʃah]
sceicco (m)	syeikh	[ʃejh]

109. Professioni agricole

apicoltore (m)	peternak lebah	[peternaʔ lebah]
pastore (m)	penggembala	[peŋgembala]
agronomo (m)	agronom	[agronom]

| allevatore (m) di bestiame | peternak | [peterna?] |
| veterinario (m) | dokter hewan | [dokter hewan] |

fattore (m)	petani	[petani]
vinificatore (m)	pembuat anggur	[pembuat aŋgur]
zoologo (m)	zoolog	[zoolog]
cowboy (m)	koboi	[koboi]

110. Professioni artistiche

| attore (m) | aktor | [aktor] |
| attrice (f) | aktris | [aktris] |

| cantante (m) | biduan | [biduan] |
| cantante (f) | biduanita | [biduanita] |

| danzatore (m) | penari lelaki | [penari lelaki] |
| ballerina (f) | penari perempuan | [penari pərempuan] |

| artista (m) | artis | [artis] |
| artista (f) | artis | [artis] |

musicista (m)	musisi, musikus	[musisi], [musikus]
pianista (m)	pianis	[pianis]
chitarrista (m)	pemain gitar	[pemajn gitar]

direttore (m) d'orchestra	konduktor	[konduktor]
compositore (m)	komposer, komponis	[komposer], [komponis]
impresario (m)	impresario	[impresario]

regista (m)	sutradara	[sutradara]
produttore (m)	produser	[produser]
sceneggiatore (m)	penulis skenario	[penulis skenario]
critico (m)	kritikus	[kritikus]

scrittore (m)	penulis	[penulis]
poeta (m)	penyair	[penjajr]
scultore (m)	pematung	[pematuŋ]
pittore (m)	perupa	[pərupa]

giocoliere (m)	juggler	[dʒʲuggler]
pagliaccio (m)	badut	[badut]
acrobata (m)	akrobat	[akrobat]
prestigiatore (m)	pesulap	[pesulap]

111. Professioni varie

medico (m)	dokter	[dokter]
infermiera (f)	suster, juru rawat	[suster], [dʒʲuru rawat]
psichiatra (m)	psikiater	[psikiater]
dentista (m)	dokter gigi	[dokter gigi]
chirurgo (m)	dokter bedah	[dokter bedah]

astronauta (m)	**astronaut**	[astronaut]
astronomo (m)	**astronom**	[astronom]
pilota (m)	**pilot**	[pilot]

autista (m)	**sopir**	[sopir]
macchinista (m)	**masinis**	[masinis]
meccanico (m)	**mekanik**	[mekaniˀ]

minatore (m)	**penambang**	[penambaŋ]
operaio (m)	**buruh, pekerja**	[buruh], [pekerdʒ'a]
operaio (m) metallurgico	**tukang kikir**	[tukaŋ kikir]
falegname (m)	**tukang kayu**	[tukaŋ kaju]
tornitore (m)	**tukang bubut**	[tukaŋ bubut]
operaio (m) edile	**buruh bangunan**	[buruh baŋunan]
saldatore (m)	**tukang las**	[tukaŋ las]

professore (m)	**profesor**	[profesor]
architetto (m)	**arsitek**	[arsiteˀ]
storico (m)	**sejarawan**	[sedʒ'arawan]
scienziato (m)	**ilmuwan**	[ilmuwan]
fisico (m)	**fisikawan**	[fisikawan]
chimico (m)	**kimiawan**	[kimiawan]

archeologo (m)	**arkeolog**	[arkeolog]
geologo (m)	**geolog**	[geolog]
ricercatore (m)	**periset, peneliti**	[pəriset], [peneliti]

baby-sitter (m, f)	**pengasuh anak**	[peŋasuh anaˀ]
insegnante (m, f)	**guru, pendidik**	[guru], [pendidiˀ]

redattore (m)	**editor, penyunting**	[editor], [penyuntiŋ]
redattore capo (m)	**editor kepala**	[editor kepala]
corrispondente (m)	**koresponden**	[koresponden]
dattilografa (f)	**juru ketik**	[dʒuru ketiˀ]

designer (m)	**desainer, perancang**	[desajner], [pərantʃaŋ]
esperto (m) informatico	**ahli komputer**	[ahli komputer]
programmatore (m)	**pemrogram**	[pemrogram]
ingegnere (m)	**insinyur**	[insinyur]

marittimo (m)	**pelaut**	[pelaut]
marinaio (m)	**kelasi**	[kelasi]
soccorritore (m)	**penyelamat**	[penjelamat]

pompiere (m)	**pemadam kebakaran**	[pemadam kebakaran]
poliziotto (m)	**polisi**	[polisi]
guardiano (m)	**penjaga**	[pendʒ'aga]
detective (m)	**detektif**	[detektif]

doganiere (m)	**petugas pabean**	[petugas pabean]
guardia (f) del corpo	**pengawal pribadi**	[peŋawal pribadi]
guardia (f) carceraria	**sipir, penjaga penjara**	[sipir], [pendʒ'aga pendʒ'ara]
ispettore (m)	**inspektur**	[inspektur]

sportivo (m)	**olahragawan**	[olahragawan]
allenatore (m)	**pelatih**	[pelatih]

macellaio (m)	tukang daging	[tukaŋ dagiŋ]
calzolaio (m)	tukang sepatu	[tukaŋ sepatu]
uomo (m) d'affari	pedagang	[pedagaŋ]
caricatore (m)	kuli	[kuli]

| stilista (m) | perancang busana | [pərantʃaŋ busana] |
| modella (f) | peragawati | [pəragawati] |

112. Attività lavorative. Condizione sociale

| scolaro (m) | siswa | [siswa] |
| studente (m) | mahasiswa | [mahasiswa] |

filosofo (m)	filsuf	[filsuf]
economista (m)	ahli ekonomi	[ahli ekonomi]
inventore (m)	penemu	[penemu]

disoccupato (m)	pengganggur	[peŋgaŋgur]
pensionato (m)	pensiunan	[pensiunan]
spia (f)	mata-mata	[mata-mata]

detenuto (m)	tahanan	[tahanan]
scioperante (m)	pemogok	[pemogoʔ]
burocrate (m)	birokrat	[birokrat]
viaggiatore (m)	pelancong	[pelantʃoŋ]

omosessuale (m)	homo, homoseksual	[homo], [homoseksual]
hacker (m)	peretas	[pəretas]
hippy (m, f)	hipi	[hipi]

bandito (m)	bandit	[bandit]
sicario (m)	pembunuh bayaran	[pembunuh bajaran]
drogato (m)	pecandu narkoba	[petʃandu narkoba]
trafficante (m) di droga	pengedar narkoba	[peŋedar narkoba]
prostituta (f)	pelacur	[pelatʃur]
magnaccia (m)	germo	[germo]

stregone (m)	penyihir lelaki	[penjihir lelaki]
strega (f)	penyihir perempuan	[penjihir pərempuan]
pirata (m)	bajak laut	[badʒiaʔ laut]
schiavo (m)	budak	[budaʔ]
samurai (m)	samurai	[samuraj]
selvaggio (m)	orang primitif	[oraŋ primitif]

Sport

113. Tipi di sport. Sportivi

sportivo (m)	olahragawan	[olahragawan]
sport (m)	jenis olahraga	[dʒ'enis olahraga]
pallacanestro (m)	bola basket	[bola basket]
cestista (m)	pemain bola basket	[pemajn bola basket]
baseball (m)	bisbol	[bisbol]
giocatore (m) di baseball	pemain bisbol	[pemajn bisbol]
calcio (m)	sepak bola	[sepa' bola]
calciatore (m)	pemain sepak bola	[pemajn sepa' bola]
portiere (m)	kiper, penjaga gawang	[kiper], [pendʒ'aga gawaŋ]
hockey (m)	hoki	[hoki]
hockeista (m)	pemain hoki	[pemajn hoki]
pallavolo (m)	bola voli	[bola voli]
pallavolista (m)	pemain bola voli	[pemajn bola voli]
pugilato (m)	tinju	[tindʒ'u]
pugile (m)	petinju	[petindʒ'u]
lotta (f)	gulat	[gulat]
lottatore (m)	pegulat	[pegulat]
karate (m)	karate	[karate]
karateka (m)	karateka	[karateka]
judo (m)	judo	[dʒ'udo]
judoista (m)	pejudo	[pedʒ'udo]
tennis (m)	tenis	[tenis]
tennista (m)	petenis	[petenis]
nuoto (m)	berenang	[bərenaŋ]
nuotatore (m)	perenang	[pərenaŋ]
scherma (f)	anggar	[aŋgar]
schermitore (m)	pemain anggar	[pemajn aŋgar]
scacchi (m pl)	catur	[tʃatur]
scacchista (m)	pecatur	[petʃatur]
alpinismo (m)	mendaki gunung	[məndaki gunuŋ]
alpinista (m)	pendaki gunung	[pendaki gunuŋ]
corsa (f)	lari	[lari]

corridore (m)	**pelari**	[pelari]
atletica (f) leggera	**atletik**	[atleti']
atleta (m)	**atlet**	[atlet]

| ippica (f) | **menunggang kuda** | [mənuŋgaŋ kuda] |
| fantino (m) | **penunggang kuda** | [penuŋgaŋ kuda] |

pattinaggio (m) artistico	**seluncur indah**	[seluntʃur indah]
pattinatore (m)	**peseluncur indah**	[peseluntʃur indah]
pattinatrice (f)	**peseluncur indah**	[peseluntʃur indah]

| pesistica (f) | **angkat berat** | [aŋkat bərat] |
| pesista (m) | **atlet angkat berat** | [atlet aŋkat bərat] |

| automobilismo (m) | **balapan mobil** | [balapan mobil] |
| pilota (m) | **pembalap mobil** | [pembalap mobil] |

| ciclismo (m) | **bersepeda** | [bərsepeda] |
| ciclista (m) | **atlet sepeda** | [atlet sepeda] |

salto (m) in lungo	**lompat jauh**	[lompat dʒˈauh]
salto (m) con l'asta	**lompat galah**	[lompat galah]
saltatore (m)	**atlet lompat, pelompat**	[atlet lompat], [pelompat]

114. Tipi di sport. Varie

football (m) americano	**futbol**	[futbol]
badminton (m)	**badminton, bulu tangkis**	[badminton], [bulu taŋkis]
biathlon (m)	**biathlon**	[biatlon]
biliardo (m)	**biliar**	[biliar]

bob (m)	**bobsled**	[bobsled]
culturismo (m)	**binaraga**	[binaraga]
pallanuoto (m)	**polo air**	[polo air]
pallamano (m)	**bola tangan**	[bola taŋan]
golf (m)	**golf**	[golf]

canottaggio (m)	**mendayung**	[məndajuŋ]
immersione (f) subacquea	**selam skuba**	[selam skuba]
sci (m) di fondo	**ski lintas alam**	[ski lintas alam]
tennis (m) da tavolo	**tenis meja**	[tenis medʒˈa]

vela (f)	**berlayar**	[bərlajar]
rally (m)	**balap reli**	[balap reli]
rugby (m)	**rugbi**	[rugbi]
snowboard (m)	**seluncur salju**	[seluntʃur saldʒˈu]
tiro (m) con l'arco	**memanah**	[memanah]

115. Palestra

| bilanciere (m) | **barbel** | [barbel] |
| manubri (m pl) | **dumbel** | [dumbel] |

attrezzo (m) sportivo	alat senam	[alat senam]
cyclette (f)	sepeda statis	[sepeda statis]
tapis roulant (m)	treadmill	[tredmil]

sbarra (f)	rekstok	[reksto']
parallele (f pl)	palang sejajar	[palaŋ sedʒʲadʒʲar]
cavallo (m)	kuda-kuda	[kuda-kuda]
materassino (m)	matras	[matras]

corda (f) per saltare	lompat tali	[lompat tali]
aerobica (f)	aerobik	[aerobi']
yoga (m)	yoga	[yoga]

116. Sport. Varie

Giochi (m pl) Olimpici	Olimpiade	[olimpiade]
vincitore (m)	pemenang	[pemenaŋ]
ottenere la vittoria	unggul	[uŋgul]
vincere (vi)	menang	[menaŋ]

| leader (m), capo (m) | pemimpin | [pemimpin] |
| essere alla guida | memimpin | [memimpin] |

primo posto (m)	tempat pertama	[tempat pərtama]
secondo posto (m)	tempat kedua	[tempat kedua]
terzo posto (m)	tempat ketiga	[tempat ketiga]

medaglia (f)	medali	[medali]
trofeo (m)	trofi	[trofi]
coppa (f) (trofeo)	piala	[piala]
premio (m)	hadiah	[hadiah]
primo premio (m)	hadiah utama	[hadiah utama]

| record (m) | rekor | [rekor] |
| stabilire un record | menciptakan rekor | [mənt∫iptakan rekor] |

| finale (m) | final | [final] |
| finale (agg) | final | [final] |

| campione (m) | juara | [dʒʲuara] |
| campionato (m) | kejuaraan | [kedʒʲuara'an] |

stadio (m)	stadion	[stadion]
tribuna (f)	tribun	[tribun]
tifoso, fan (m)	pendukung	[pendukuŋ]
avversario (m)	lawan	[lawan]

| partenza (f) | start | [start] |
| traguardo (m) | finis | [finis] |

sconfitta (f)	kekalahan	[kekalahan]
perdere (vt)	kalah	[kalah]
arbitro (m)	wasit	[wasit]
giuria (f)	juri	[dʒʲuri]

punteggio (m)	skor	[skor]
pareggio (m)	seri, hasil imbang	[seri], [hasil imbaŋ]
pareggiare (vi)	bermain seri	[bərmajn seri]
punto (m)	poin	[poin]
risultato (m)	skor, hasil akhir	[skor], [hasil ahir]

| tempo (primo ~) | babak | [baba'] |
| intervallo (m) | waktu istirahat | [waktu istirahat] |

doping (m)	doping	[dopiŋ]
penalizzare (vt)	menghukum	[məŋhukum]
squalificare (vt)	mendiskualifikasi	[məndiskualifikasi]

attrezzatura (f)	alat olahraga	[alat olahraga]
giavellotto (m)	lembing	[lembiŋ]
peso (m) (sfera metallica)	peluru	[peluru]
biglia (f) (palla)	bola	[bola]

obiettivo (m)	sasaran	[sasaran]
bersaglio (m)	sasaran	[sasaran]
sparare (vi)	menembak	[mənemba']
preciso (agg)	akurat	[akurat]

allenatore (m)	pelatih	[pelatih]
allenare (vt)	melatih	[melatih]
allenarsi (vr)	berlatih	[bərlatih]
allenamento (m)	latihan	[latihan]

palestra (f)	gimnasium	[gimnasium]
esercizio (m)	latihan	[latihan]
riscaldamento (m)	pemanasan	[pemanasan]

Istruzione

117. Scuola

scuola (f)	sekolah	[sekolah]
direttore (m) di scuola	kepala sekolah	[kepala sekolah]
allievo (m)	murid laki-laki	[murid laki-laki]
allieva (f)	murid perempuan	[murid pərempuan]
scolaro (m)	siswa	[siswa]
scolara (f)	siswi	[siswi]
insegnare (qn)	mengajar	[məŋadʒʲar]
imparare (una lingua)	belajar	[beladʒʲar]
imparare a memoria	menghafalkan	[məŋhafalkan]
studiare (vi)	belajar	[beladʒʲar]
frequentare la scuola	bersekolah	[bərsekolah]
andare a scuola	ke sekolah	[ke sekolah]
alfabeto (m)	alfabet, abjad	[alfabet], [abdʒʲad]
materia (f)	subjek, mata pelajaran	[subdʒʲek], [mata peladʒʲaran]
classe (f)	ruang kelas	[ruaŋ kelas]
lezione (f)	pelajaran	[peladʒʲaran]
ricreazione (f)	waktu istirahat	[waktu istirahat]
campanella (f)	lonceng	[lontʃeŋ]
banco (m)	bangku sekolah	[baŋku sekolah]
lavagna (f)	papan tulis hitam	[papan tulis hitam]
voto (m)	nilai	[nilaj]
voto (m) alto	nilai baik	[nilaj bajʔ]
voto (m) basso	nilai jelek	[nilaj dʒʲeleʔ]
dare un voto	memberikan nilai	[memberikan nilaj]
errore (m)	kesalahan	[kesalahan]
fare errori	melakukan kesalahan	[melakukan kesalahan]
correggere (vt)	mengoreksi	[məŋoreksi]
bigliettino (m)	contekan	[tʃontekan]
compiti (m pl)	pekerjaan rumah	[pekerdʒʲaʔan rumah]
esercizio (m)	latihan	[latihan]
essere presente	hadir	[hadir]
essere assente	absen, tidak hadir	[absen], [tidaʔ hadir]
mancare le lezioni	absen dari sekolah	[absen dari sekolah]
punire (vt)	menghukum	[məŋhukum]
punizione (f)	hukuman	[hukuman]
comportamento (m)	perilaku	[pərilaku]

pagella (f)	rapor	[rapor]
matita (f)	pensil	[pensil]
gomma (f) per cancellare	karet penghapus	[karet peŋhapus]
gesso (m)	kapur	[kapur]
astuccio (m) portamatite	kotak pensil	[kota⁷ pensil]

cartella (f)	tas sekolah	[tas sekolah]
penna (f)	pen	[pen]
quaderno (m)	buku tulis	[buku tulis]
manuale (m)	buku pelajaran	[buku peladʒ'aran]
compasso (m)	paser, jangka	[paser], [dʒ'aŋka]

| disegnare (tracciare) | menggambar | [məŋgambar] |
| disegno (m) tecnico | gambar teknik | [gambar tekni⁷] |

poesia (f)	puisi, sajak	[puisi], [sadʒ'a⁷]
a memoria	hafal	[hafal]
imparare a memoria	menghafalkan	[məŋhafalkan]

vacanze (f pl) scolastiche	liburan sekolah	[liburan sekolah]
essere in vacanza	berlibur	[bərlibur]
passare le vacanze	menjalani liburan	[məndʒ'alani liburan]

prova (f) scritta	tes, kuis	[tes], [kuis]
composizione (f)	esai, karangan	[esaj], [karaŋan]
dettato (m)	dikte	[dikte]
esame (m)	ujian	[udʒian]
sostenere un esame	menempuh ujian	[mənempuh udʒian]
esperimento (m)	eksperimen	[eksperimen]

118. Istituto superiore. Università

accademia (f)	akademi	[akademi]
università (f)	universitas	[universitas]
facoltà (f)	fakultas	[fakultas]

studente (m)	mahasiswa	[mahasiswa]
studentessa (f)	mahasiswi	[mahasiswi]
docente (m, f)	dosen	[dosen]

| aula (f) | ruang kuliah | [ruaŋ kuliah] |
| diplomato (m) | lulusan | [lulusan] |

| diploma (m) | ijazah | [idʒ'azah] |
| tesi (f) | disertasi | [disertasi] |

| ricerca (f) | penelitian | [penelitian] |
| laboratorio (m) | laboratorium | [laboratorium] |

| lezione (f) | kuliah | [kuliah] |
| compagno (m) di corso | rekan sekuliah | [rekan sekuliah] |

| borsa (f) di studio | beasiswa | [beasiswa] |
| titolo (m) accademico | gelar akademik | [gelar akademi⁷] |

119. Scienze. Discipline

matematica (f)	matematika	[matematika]
algebra (f)	aljabar	[aldʒ'abar]
geometria (f)	geometri	[geometri]

astronomia (f)	astronomi	[astronomi]
biologia (f)	biologi	[biologi]
geografia (f)	geografi	[geografi]
geologia (f)	geologi	[geologi]
storia (f)	sejarah	[sedʒ'arah]

medicina (f)	kedokteran	[kedokteran]
pedagogia (f)	pedagogi	[pedagogi]
diritto (m)	hukum	[hukum]

fisica (f)	fisika	[fisika]
chimica (f)	kimia	[kimia]
filosofia (f)	filsafat	[filsafat]
psicologia (f)	psikologi	[psikologi]

120. Sistema di scrittura. Ortografia

grammatica (f)	tatabahasa	[tatabahasa]
lessico (m)	kosakata	[kosakata]
fonetica (f)	fonetik	[foneti']

sostantivo (m)	nomina	[nomina]
aggettivo (m)	adjektiva	[adʒ'ektiva]
verbo (m)	verba	[verba]
avverbio (m)	adverbia	[adverbia]

pronome (m)	kata ganti	[kata ganti]
interiezione (f)	kata seru	[kata seru]
preposizione (f)	preposisi, kata depan	[preposisi], [kata depan]

radice (f)	kata dasar	[kata dasar]
desinenza (f)	akhiran	[ahiran]
prefisso (m)	prefiks, awalan	[prefiks], [awalan]
sillaba (f)	suku kata	[suku kata]
suffisso (m)	sufiks, akhiran	[sufiks], [ahiran]

| accento (m) | tanda tekanan | [tanda tekanan] |
| apostrofo (m) | apostrofi | [apostrofi] |

punto (m)	titik	[titi']
virgola (f)	koma	[koma]
punto (m) e virgola	titik koma	[titi' koma]
due punti	titik dua	[titi' dua]
puntini di sospensione	elipsis, lesapan	[elipsis], [lesapan]

| punto (m) interrogativo | tanda tanya | [tanda tanja] |
| punto (m) esclamativo | tanda seru | [tanda seru] |

virgolette (f pl)	tanda petik	[tanda peti']
tra virgolette	dalam tanda petik	[dalam tanda peti']
parentesi (f pl)	tanda kurung	[tanda kuruŋ]
tra parentesi	dalam tanda kurung	[dalam tanda kuruŋ]
trattino (m)	tanda pisah	[tanda pisah]
lineetta (f)	tanda hubung	[tanda hubuŋ]
spazio (m) (tra due parole)	spasi	[spasi]
lettera (f)	huruf	[huruf]
lettera (f) maiuscola	huruf kapital	[huruf kapital]
vocale (f)	vokal	[vokal]
consonante (f)	konsonan	[konsonan]
proposizione (f)	kalimat	[kalimat]
soggetto (m)	subjek	[subdʒ'e']
predicato (m)	predikat	[predikat]
riga (f)	baris	[baris]
a capo	di baris baru	[di baris baru]
capoverso (m)	alinea, paragraf	[alinea], [paragraf]
parola (f)	kata	[kata]
gruppo (m) di parole	rangkaian kata	[raŋkajan kata]
espressione (f)	ungkapan	[uŋkapan]
sinonimo (m)	sinonim	[sinonim]
antonimo (m)	antonim	[antonim]
regola (f)	peraturan	[pəraturan]
eccezione (f)	perkecualian	[pərketʃualian]
giusto (corretto)	benar, betul	[benar], [betul]
coniugazione (f)	konjugasi	[kondʒugasi]
declinazione (f)	deklinasi	[deklinasi]
caso (m) nominativo	kasus nominal	[kasus nominal]
domanda (f)	pertanyaan	[pərtanja'an]
sottolineare (vt)	menggaris bawahi	[məŋgaris bawahi]
linea (f) tratteggiata	garis bertitik	[garis bərtiti']

121. Lingue straniere

lingua (f)	bahasa	[bahasa]
straniero (agg)	asing	[asiŋ]
lingua (f) straniera	bahasa asing	[bahasa asiŋ]
studiare (vt)	mempelajari	[mempeladʒ'ari]
imparare (una lingua)	belajar	[beladʒ'ar]
leggere (vi, vt)	membaca	[membatʃa]
parlare (vi, vt)	berbicara	[bərbitʃara]
capire (vt)	mengerti	[məŋerti]
scrivere (vi, vt)	menulis	[mənulis]
rapidamente	cepat, fasih	[tʃepat], [fasih]
lentamente	perlahan-lahan	[pərlahan-lahan]

correntemente	fasih	[fasih]
regole (f pl)	peraturan	[pəraturan]
grammatica (f)	tatabahasa	[tatabahasa]
lessico (m)	kosakata	[kosakata]
fonetica (f)	fonetik	[foneti']

manuale (m)	buku pelajaran	[buku peladʒʲaran]
dizionario (m)	kamus	[kamus]
manuale (m) autodidattico	buku autodidak	[buku autodida']
frasario (m)	panduan percakapan	[panduan pərtʃakapan]

cassetta (f)	kaset	[kaset]
videocassetta (f)	kaset video	[kaset video]
CD (m)	cakram kompak	[tʃakram kompa']
DVD (m)	cakram DVD	[tʃakram di-vi-di]

alfabeto (m)	alfabet, abjad	[alfabet], [abdʒʲad]
compitare (vt)	mengeja	[məŋedʒʲa]
pronuncia (f)	pelafalan	[pelafalan]

accento (m)	aksen	[aksen]
con un accento	dengan aksen	[deŋan aksen]
senza accento	tanpa aksen	[tanpa aksen]

vocabolo (m)	kata	[kata]
significato (m)	arti	[arti]

corso (m) (~ di francese)	kursus	[kursus]
iscriversi (vr)	Mendaftar	[məndaftar]
insegnante (m, f)	guru	[guru]

traduzione (f) (fare una ~)	penerjemahan	[penerdʒʲemahan]
traduzione (f) (un testo)	terjemahan	[tərdʒʲemahan]
traduttore (m)	penerjemah	[penerdʒʲemah]
interprete (m)	juru bahasa	[dʒʲuru bahasa]

poliglotta (m)	poliglot	[poliglot]
memoria (f)	memori, daya ingat	[memori], [daja iŋat]

122. Personaggi delle fiabe

Babbo Natale (m)	Sinterklas	[sinterklas]
Cenerentola (f)	Cinderella	[tʃinderella]
sirena (f)	putri duyung	[putri duyuŋ]
Nettuno (m)	Neptunus	[neptunus]

mago (m)	penyihir	[penjihir]
fata (f)	peri	[peri]
magico (agg)	sihir	[sihir]
bacchetta (f) magica	tongkat sihir	[toŋkat sihir]

fiaba (f), favola (f)	dongeng	[doŋeŋ]
miracolo (m)	keajaiban	[keadʒʲajban]
nano (m)	kerdil, katai	[kerdil], [kataj]

trasformarsi in ...	menjelma menjadi ...	[məndʒˈelma məndʒˈadi ...]
fantasma (m)	fantom	[fantom]
spettro (m)	hantu	[hantu]
mostro (m)	monster	[monster]
drago (m)	naga	[naga]
gigante (m)	raksasa	[raksasa]

123. Segni zodiacali

Ariete (m)	Aries	[aries]
Toro (m)	Taurus	[taurus]
Gemelli (m pl)	Gemini	[dʒˈemini]
Cancro (m)	Cancer	[kanser]
Leone (m)	Leo	[leo]
Vergine (f)	Virgo	[virgo]

Bilancia (f)	Libra	[libra]
Scorpione (m)	Scorpio	[skorpio]
Sagittario (m)	Sagitarius	[sagitarius]
Capricorno (m)	Capricorn	[keprikon]
Acquario (m)	Aquarius	[akuarius]
Pesci (m pl)	Pisces	[pistʃes]

carattere (m)	karakter	[karakter]
tratti (m pl) del carattere	ciri karakter	[tʃiri karakter]
comportamento (m)	tingkah laku	[tiŋkah laku]
predire il futuro	meramal	[meramal]
cartomante (f)	peramal	[pəramal]
oroscopo (m)	horoskop	[horoskop]

Arte

124. Teatro

teatro (m)	teater	[teater]
opera (f)	opera	[opera]
operetta (f)	opereta	[opereta]
balletto (m)	balet	[balet]
cartellone (m)	poster	[poster]
compagnia (f) teatrale	rombongan teater	[romboŋan teater]
tournée (f)	tur, pertunjukan keliling	[tur], [pərtundʒʲukan keliliŋ]
andare in tourn?e	mengadakan tur	[məŋadakan tur]
fare le prove	berlatih	[bərlatih]
prova (f)	geladi	[geladi]
repertorio (m)	repertoar	[repertoar]
rappresentazione (f)	pertunjukan	[pərtundʒʲukan]
spettacolo (m)	pergelaran	[pərgelaran]
opera (f) teatrale	lakon	[lakon]
biglietto (m)	tiket	[tiket]
botteghino (m)	loket tiket	[loket tiket]
hall (f)	lobi, ruang depan	[lobi], [ruaŋ depan]
guardaroba (f)	tempat penitipan jas	[tempat penitipan dʒʲas]
cartellino (m) del guardaroba	nomor penitipan jas	[nomor penitipan dʒʲas]
binocolo (m)	binokular	[binokular]
maschera (f)	petugas penyobek tiket	[petugas penjobeʔ tiket]
platea (f)	kursi orkestra	[kursi orkestra]
balconata (f)	balkon	[balkon]
prima galleria (f)	tingkat pertama	[tiŋkat pərtama]
palco (m)	boks	[boks]
fila (f)	barisan	[barisan]
posto (m)	tempat duduk	[tempat duduʔ]
pubblico (m)	khalayak	[halajaʔ]
spettatore (m)	penonton	[penonton]
battere le mani	bertepuk tangan	[bərtepuʔ taŋan]
applauso (m)	aplaus, tepuk tangan	[aplaus], [tepuʔ taŋan]
ovazione (f)	ovasi, tepuk tangan	[ovasi], [tepuʔ taŋan]
palcoscenico (m)	panggung	[paŋguŋ]
sipario (m)	tirai	[tiraj]
scenografia (f)	tata panggung	[tata paŋguŋ]
quinte (f pl)	belakang panggung	[belakaŋ paŋguŋ]
scena (f) (l'ultima ~)	adegan	[adegan]
atto (m)	babak	[babaʔ]
intervallo (m)	waktu istirahat	[waktu istirahat]

125. Cinema

attore (m)	aktor	[aktor]
attrice (f)	aktris	[aktris]
cinema (m) (industria)	sinematografi, perfilman	[sinematografi], [pərfilman]
film (m)	film	[film]
puntata (f)	episode, seri	[episode], [seri]
film (m) giallo	detektif	[detektif]
film (m) d'azione	film laga	[film laga]
film (m) d'avventure	film petualangan	[film petualaŋan]
film (m) di fantascienza	film fiksi ilmiah	[film fiksi ilmiah]
film (m) d'orrore	film horor	[film horor]
film (m) comico	film komedi	[film komedi]
melodramma (m)	melodrama	[melodrama]
dramma (m)	drama	[drama]
film (m) a soggetto	film fiksi	[film fiksi]
documentario (m)	film dokumenter	[film dokumenter]
cartoni (m pl) animati	kartun	[kartun]
cinema (m) muto	film bisu	[film bisu]
parte (f)	peran	[peran]
parte (f) principale	peran utama	[peran utama]
recitare (vi, vt)	berperan	[bərperan]
star (f), stella (f)	bintang film	[bintaŋ film]
noto (agg)	terkenal	[tərkenal]
famoso (agg)	terkenal	[tərkenal]
popolare (agg)	populer, terkenal	[populer], [tərkenal]
sceneggiatura (m)	skenario	[skenario]
sceneggiatore (m)	penulis skenario	[penulis skenario]
regista (m)	sutradara	[sutradara]
produttore (m)	produser	[produser]
assistente (m)	asisten	[asisten]
cameraman (m)	kamerawan	[kamerawan]
cascatore (m)	pemeran pengganti	[pemeran peŋganti]
controfigura (f)	pengganti	[peŋganti]
girare un film	merekam film	[merekam film]
provino (m)	audisi	[audisi]
ripresa (f)	syuting, pengambilan gambar	[ʃyutiŋ], [peɲambilan gambar]
troupe (f) cinematografica	rombongan film	[romboŋan film]
set (m)	set film	[set film]
cinepresa (f)	kamera	[kamera]
cinema (m) (~ all'aperto)	bioskop	[bioskop]
schermo (m)	layar	[lajar]
proiettare un film	menayangkan film	[menajaŋkan film]
colonna (f) sonora	soundtrack, trek suara	[saundtrek], [tre' suara]
effetti (m pl) speciali	efek khusus	[efe' husus]

sottotitoli (m pl)	subjudul, teks film	[subʤudul], [teks film]
titoli (m pl) di coda	ucapan terima kasih	[utʃapan tərima kasih]
traduzione (f)	terjemahan	[tərʤemahan]

126. Pittura

arte (f)	seni	[seni]
belle arti (f pl)	seni rupa	[seni rupa]
galleria (f) d'arte	galeri seni	[galeri seni]
mostra (f)	pameran seni	[pameran seni]

pittura (f)	seni lukis	[seni lukis]
grafica (f)	seni grafis	[seni grafis]
astrattismo (m)	seni abstrak	[seni abstra']
impressionismo (m)	impresionisme	[impresionisme]

quadro (m)	lukisan	[lukisan]
disegno (m)	gambar	[gambar]
cartellone, poster (m)	poster	[poster]

illustrazione (f)	ilustrasi	[ilustrasi]
miniatura (f)	miniatur	[miniatur]
copia (f)	salinan	[salinan]
riproduzione (f)	reproduksi	[reproduksi]

mosaico (m)	mozaik	[mozaj']
vetrata (f)	kaca berwarna	[katʃa bərwarna]
affresco (m)	fresko	[fresko]
incisione (f)	gravir	[gravir]

busto (m)	patung sedada	[patuŋ sedada]
scultura (f)	seni patung	[seni patuŋ]
statua (f)	patung	[patuŋ]
gesso (m)	gips	[gips]
in gesso	dari gips	[dari gips]

ritratto (m)	potret	[potret]
autoritratto (m)	potret diri	[potret diri]
paesaggio (m)	lukisan lanskap	[lukisan lanskap]
natura (f) morta	alam benda	[alam benda]
caricatura (f)	karikatur	[karikatur]
abbozzo (m)	sketsa	[sketsa]

colore (m)	cat	[tʃat]
acquerello (m)	cat air	[tʃat air]
olio (m)	cat minyak	[tʃat minja']
matita (f)	pensil	[pensil]
inchiostro (m) di china	tinta gambar	[tinta gambar]
carbone (m)	arang	[araŋ]

disegnare (a matita)	menggambar	[məŋgambar]
dipingere (un quadro)	melukis	[melukis]
posare (vi)	berpose	[bərpose]
modello (m)	model lelaki	[model lelaki]

modella (f)	model perempuan	[model perempuan]
pittore (m)	perupa	[perupa]
opera (f) d'arte	karya seni	[karja seni]
capolavoro (m)	adikarya, mahakarya	[adikarja], [mahakarja]
laboratorio (m) (di artigiano)	studio seni	[studio seni]
tela (f)	kanvas	[kanvas]
cavalletto (m)	esel, kuda-kuda	[esel], [kuda-kuda]
tavolozza (f)	palet	[palet]
cornice (f) (~ di un quadro)	bingkai	[biŋkaj]
restauro (m)	pemugaran	[pemugaran]
restaurare (vt)	memugar	[memugar]

127. Letteratura e poesia

letteratura (f)	sastra, kesusastraan	[sastra], [kesusastra'an]
autore (m)	pengarang	[peŋaraŋ]
pseudonimo (m)	pseudonim, nama samaran	[pseudonim], [nama samaran]
libro (m)	buku	[buku]
volume (m)	jilid	[dʒilid]
sommario (m), indice (m)	daftar isi	[daftar isi]
pagina (f)	halaman	[halaman]
protagonista (m)	karakter utama	[karakter utama]
autografo (m)	tanda tangan	[tanda taŋan]
racconto (m)	cerpen	[tʃerpen]
romanzo (m) breve	novel, cerita	[novel], [tʃerita]
romanzo (m)	novel	[novel]
opera (f) (~ letteraria)	karya	[karja]
favola (f)	fabel	[fabel]
giallo (m)	novel detektif	[novel detektif]
verso (m)	puisi, sajak	[puisi], [sadʒ'a']
poesia (f) (~ lirica)	puisi	[puisi]
poema (m)	puisi	[puisi]
poeta (m)	penyair	[penjajr]
narrativa (f)	fiksi	[fiksi]
fantascienza (f)	fiksi ilmiah	[fiksi ilmiah]
avventure (f pl)	petualangan	[petualaŋan]
letteratura (f) formativa	literatur pendidikan	[literatur pendidikan]
libri (m pl) per l'infanzia	sastra kanak-kanak	[sastra kana'-kana']

128. Circo

circo (m)	sirkus	[sirkus]
tendone (m) del circo	sirkus keliling	[sirkus keliliŋ]
programma (m)	program	[program]
spettacolo (m)	pertunjukan	[pertundʒ'ukan]

| numero (m) | aksi | [aksi] |
| arena (f) | arena | [arena] |

| pantomima (m) | pantomim | [pantomim] |
| pagliaccio (m) | badut | [badut] |

acrobata (m)	pemain akrobat	[pemajn akrobat]
acrobatica (f)	akrobatik	[akrobati']
ginnasta (m)	pesenam	[pesenam]
ginnastica (m)	senam	[senam]
salto (m) mortale	salto	[salto]

forzuto (m)	orang kuat	[oraŋ kuat]
domatore (m)	penjinak hewan	[pendʒina' hewan]
cavallerizzo (m)	penunggang kuda	[penuŋgaŋ kuda]
assistente (m)	asisten	[asisten]

acrobazia (f)	stunt	[stun]
gioco (m) di prestigio	trik sulap	[tri' sulap]
prestigiatore (m)	pesulap	[pesulap]

giocoliere (m)	juggler	[dʒ'uggler]
giocolare (vi)	bermain juggling	[bərmajn dʒ'uggliŋ]
ammaestratore (m)	pelatih binatang	[pelatih binataŋ]
ammaestramento (m)	pelatihan binatang	[pelatihan binataŋ]
ammaestrare (vt)	melatih	[melatih]

129. Musica. Musica pop

musica (f)	musik	[musi']
musicista (m)	musisi, musikus	[musisi], [musikus]
strumento (m) musicale	alat musik	[alat musi']
suonare ...	bermain ...	[bərmajn ...]

chitarra (f)	gitar	[gitar]
violino (m)	biola	[biola]
violoncello (m)	selo	[selo]
contrabbasso (m)	kontrabas	[kontrabas]
arpa (f)	harpa	[harpa]

pianoforte (m)	piano	[piano]
pianoforte (m) a coda	grand piano	[grand piano]
organo (m)	organ	[organ]

strumenti (m pl) a fiato	alat musik tiup	[alat musi' tiup]
oboe (m)	obo	[obo]
sassofono (m)	saksofon	[saksofon]
clarinetto (m)	klarinet	[klarinet]
flauto (m)	suling	[suliŋ]
tromba (f)	trompet	[trompet]

fisarmonica (f)	akordeon	[akordeon]
tamburo (m)	drum	[drum]
duetto (m)	duo, duet	[duo], [duet]

trio (m)	**trio**	[trio]
quartetto (m)	**kuartet**	[kuartet]
coro (m)	**kor**	[kor]
orchestra (f)	**orkestra**	[orkestra]

musica (f) pop	**musik pop**	[musiʔ pop]
musica (f) rock	**musik rok**	[musiʔ roʔ]
gruppo (m) rock	**grup musik rok**	[grup musiʔ roʔ]
jazz (m)	**jaz**	[dʒˈaz]

idolo (m)	**idola**	[idola]
ammiratore (m)	**pengagum**	[peŋagum]

concerto (m)	**konser**	[konser]
sinfonia (f)	**simfoni**	[simfoni]
composizione (f)	**komposisi**	[komposisi]
comporre (vt), scrivere (vt)	**menggubah, mencipta**	[məŋgubah], [məntʃipta]

canto (m)	**nyanyian**	[njanjian]
canzone (f)	**lagu**	[lagu]
melodia (f)	**nada, melodi**	[nada], [melodi]
ritmo (m)	**irama**	[irama]
blues (m)	**musik blues**	[musiʔ blus]

note (f pl)	**notasi musik**	[notasi musiʔ]
bacchetta (f)	**tongkat dirigen**	[toŋkat dirigen]
arco (m)	**penggesek**	[peŋgeseʔ]
corda (f)	**tali, senar**	[tali], [senar]
custodia (f) (~ della chitarra)	**wadah**	[wadah]

Ristorante. Intrattenimento. Viaggi

130. Escursione. Viaggio

turismo (m)	pariwisata	[pariwisata]
turista (m)	turis, wisatawan	[turis], [wisatawan]
viaggio (m) (all'estero)	pengembaraan	[peɲembaraʔan]
avventura (f)	petualangan	[petualaŋan]
viaggio (m) (corto)	perjalanan, lawatan	[pərʤalanan], [lawatan]

vacanza (f)	liburan	[liburan]
essere in vacanza	berlibur	[bərlibur]
riposo (m)	istirahat	[istirahat]

treno (m)	kereta api	[kereta api]
in treno	naik kereta api	[naiʔ kereta api]
aereo (m)	pesawat terbang	[pesawat tərbaŋ]
in aereo	naik pesawat terbang	[naiʔ pesawat tərbaŋ]
in macchina	naik mobil	[naiʔ mobil]
in nave	naik kapal	[naiʔ kapal]

bagaglio (m)	bagasi	[bagasi]
valigia (f)	koper	[koper]
carrello (m)	troli bagasi	[troli bagasi]

passaporto (m)	paspor	[paspor]
visto (m)	visa	[visa]
biglietto (m)	tiket	[tiket]
biglietto (m) aereo	tiket pesawat terbang	[tiket pesawat tərbaŋ]

guida (f)	buku pedoman	[buku pedoman]
carta (f) geografica	peta	[peta]
località (f)	kawasan	[kawasan]
luogo (m)	tempat	[tempat]

ogetti (m pl) esotici	keeksotisan	[keeksotisan]
esotico (agg)	eksotis	[eksotis]
sorprendente (agg)	menakjubkan	[mənakʤubkan]

gruppo (m)	kelompok	[kelompoʔ]
escursione (f)	ekskursi	[ekskursi]
guida (f) (cicerone)	pemandu wisata	[pemandu wisata]

131. Hotel

albergo, hotel (m)	hotel	[hotel]
motel (m)	motel	[motel]
tre stelle	bintang tiga	[bintaŋ tiga]

| cinque stelle | bintang lima | [bintaŋ lima] |
| alloggiare (vi) | menginap | [məŋinap] |

camera (f)	kamar	[kamar]
camera (f) singola	kamar tunggal	[kamar tuŋgal]
camera (f) doppia	kamar ganda	[kamar ganda]
prenotare una camera	memesan kamar	[memesan kamar]

| mezza pensione (f) | sewa setengah | [sewa seteŋah] |
| pensione (f) completa | sewa penuh | [sewa penuh] |

con bagno	dengan kamar mandi	[deŋan kamar mandi]
con doccia	dengan pancuran	[deŋan pantʃuran]
televisione (f) satellitare	televisi satelit	[televisi satelit]
condizionatore (m)	penyejuk udara	[penjedʒⁱuˀ udara]
asciugamano (m)	handuk	[handuˀ]
chiave (f)	kunci	[kuntʃi]

amministratore (m)	administrator	[administrator]
cameriera (f)	pelayan kamar	[pelajan kamar]
portabagagli (m)	porter	[porter]
portiere (m)	pramupintu	[pramupintu]

ristorante (m)	restoran	[restoran]
bar (m)	bar	[bar]
colazione (f)	makan pagi, sarapan	[makan pagi], [sarapan]
cena (f)	makan malam	[makan malam]
buffet (m)	prasmanan	[prasmanan]

| hall (f) (atrio d'ingresso) | lobi | [lobi] |
| ascensore (m) | elevator | [elevator] |

| NON DISTURBARE | JANGAN MENGGANGGU | [dʒⁱaŋan məŋgaŋgu] |
| VIETATO FUMARE! | DILARANG MEROKOK! | [dilaraŋ merokoˀ!] |

132. Libri. Lettura

libro (m)	buku	[buku]
autore (m)	pengarang	[peŋaraŋ]
scrittore (m)	penulis	[penulis]
scrivere (vi, vt)	menulis	[mənulis]

lettore (m)	pembaca	[pembatʃa]
leggere (vi, vt)	membaca	[membatʃa]
lettura (f) (sala di ~)	membaca	[membatʃa]

| in silenzio (leggere ~) | dalam hati | [dalam hati] |
| ad alta voce | dengan keras | [deŋan keras] |

pubblicare (vt)	menerbitkan	[mənerbitkan]
pubblicazione (f)	penerbitan	[penerbitan]
editore (m)	penerbit	[penerbit]
casa (f) editrice	penerbit	[penerbit]
uscire (vi)	terbit	[terbit]

uscita (f)	penerbitan	[penerbitan]
tiratura (f)	oplah	[oplah]
libreria (f)	toko buku	[toko buku]
biblioteca (f)	perpustakaan	[pərpustaka'an]
romanzo (m) breve	novel, cerita	[novel], [tʃerita]
racconto (m)	cerpen	[tʃerpen]
romanzo (m)	novel	[novel]
giallo (m)	novel detektif	[novel detektif]
memorie (f pl)	memoir	[memoir]
leggenda (f)	legenda	[legenda]
mito (m)	mitos	[mitos]
poesia (f), versi (m pl)	puisi	[puisi]
autobiografia (f)	autobiografi	[autobiografi]
opere (f pl) scelte	karya pilihan	[karja pilihan]
fantascienza (f)	fiksi ilmiah	[fiksi ilmiah]
titolo (m)	judul	[dʒʲudul]
introduzione (f)	pendahuluan	[pendahuluan]
frontespizio (m)	halaman judul	[halaman dʒʲudul]
capitolo (m)	bab	[bab]
frammento (m)	kutipan	[kutipan]
episodio (m)	episode	[episode]
soggetto (m)	alur cerita	[alur tʃerita]
contenuto (m)	daftar isi	[daftar isi]
sommario (m)	daftar isi	[daftar isi]
protagonista (m)	karakter utama	[karakter utama]
volume (m)	jilid	[dʒilid]
copertina (f)	sampul	[sampul]
rilegatura (f)	penjilidan	[pendʒilidan]
segnalibro (m)	pembatas buku	[pembatas buku]
pagina (f)	halaman	[halaman]
sfogliare (~ le pagine)	membolak-balik	[membola'-bali']
margini (m pl)	margin	[margin]
annotazione (f)	anotasi, catatan	[anotasi], [tʃatatan]
nota (f) (a fondo pagina)	catatan kaki	[tʃatatan kaki]
testo (m)	teks	[teks]
carattere (m)	huruf	[huruf]
refuso (m)	salah cetak	[salah tʃeta']
traduzione (f)	terjemahan	[tərdʒʲemahan]
tradurre (vt)	menerjemahkan	[mənerdʒʲemahkan]
originale (m) (leggere l'~)	orisinal	[orisinal]
famoso (agg)	terkenal	[tərkenal]
sconosciuto (agg)	tidak dikenali	[tida' dikenali]
interessante (agg)	menarik	[mənari']
best seller (m)	buku laris	[buku laris]

dizionario (m)	kamus	[kamus]
manuale (m)	buku pelajaran	[buku peladʒiaran]
enciclopedia (f)	ensiklopedi	[ensiklopedi]

133. Caccia. Pesca

caccia (f)	perburuan	[pərburuan]
cacciare (vt)	berburu	[bərburu]
cacciatore (m)	pemburu	[pemburu]

sparare (vi)	menembak	[mənembaʔ]
fucile (m)	senapan	[senapan]
cartuccia (f)	peluru, patrun	[peluru], [patrun]
pallini (m pl) da caccia	peluru gotri	[peluru gotri]

tagliola (f) (~ per orsi)	perangkap	[pəraŋkap]
trappola (f) (~ per uccelli)	perangkap	[pəraŋkap]
cadere in trappola	terperangkap	[tərpəraŋkap]
tendere una trappola	memasang perangkap	[memasaŋ pəraŋkap]

bracconiere (m)	pemburu ilegal	[pemburu ilegal]
cacciagione (m)	binatang buruan	[binataŋ buruan]
cane (m) da caccia	anjing pemburu	[andʒiŋ pemburu]
safari (m)	safari	[safari]
animale (m) impagliato	patung binatang	[patuŋ binataŋ]

pescatore (m)	nelayan, pemancing	[nelajan], [pemantʃiŋ]
pesca (f)	memancing	[memantʃiŋ]
pescare (vi)	memancing	[memantʃiŋ]

canna (f) da pesca	joran	[dʒoran]
lenza (f)	tali pancing	[tali pantʃiŋ]
amo (m)	kail	[kail]

| galleggiante (m) | pelampung | [pelampuŋ] |
| esca (f) | umpan | [umpan] |

| lanciare la canna | melempar pancing | [melempar pantʃiŋ] |
| abboccare (pesce) | memakan umpan | [memakan umpan] |

| pescato (m) | tangkapan | [taŋkapan] |
| buco (m) nel ghiaccio | lubang es | [lubaŋ es] |

rete (f)	jala	[dʒiala]
barca (f)	perahu	[pərahu]
prendere con la rete	menjala	[məndʒiala]
gettare la rete	menabur jala	[mənabur dʒiala]

| tirare le reti | menarik jala | [mənariʔ dʒiala] |
| cadere nella rete | tertangkap dalam jala | [tərtaŋkap dalam dʒiala] |

baleniere (m)	pemburu paus	[pemburu paus]
baleniera (f) (nave)	kapal pemburu paus	[kapal pemburu paus]
rampone (m)	tempuling	[tempuliŋ]

134. Ciochi. Biliardo

biliardo (m)	biliar	[biliar]
sala (f) da biliardo	kamar biliar	[kamar biliar]
bilia (f)	bola	[bola]
imbucare (vt)	memasukkan bola	[memasuʔkan bola]
stecca (f) da biliardo	stik	[stiʔ]
buca (f)	lubang meja biliar	[lubaŋ medʒʲa biliar]

135. Giochi. Carte da gioco

quadri (m pl)	wajik	[wadʒiʔ]
picche (f pl)	sekop	[sekop]
cuori (m pl)	hati	[hati]
fiori (m pl)	keriting	[keritiŋ]
asso (m)	as	[as]
re (m)	raja	[radʒʲa]
donna (f)	ratu	[ratu]
fante (m)	jack	[dʒʲeʔ]
carta (f) da gioco	kartu permainan	[kartu pərmajnan]
carte (f pl)	kartu	[kartu]
briscola (f)	truf	[truf]
mazzo (m) di carte	pak kartu	[paʔ kartu]
punto (m)	poin	[poin]
dare le carte	membagikan	[membagikan]
mescolare (~ le carte)	mengocok	[məŋotʃoʔ]
turno (m)	giliran	[giliran]
baro (m)	pemain kartu curang	[pemajn kartu tʃuraŋ]

136. Riposo. Giochi. Varie

passeggiare (vi)	berjalan-jalan	[bərdʒʲalan-dʒʲalan]
passeggiata (f)	jalan-jalan	[dʒʲalan-dʒʲalan]
gita (f)	perjalanan	[pərdʒʲalanan]
avventura (f)	petualangan	[petualaŋan]
picnic (m)	piknik	[pikniʔ]
gioco (m)	permainan	[pərmajnan]
giocatore (m)	pemain	[pemajn]
partita (f) (~ a scacchi)	partai	[partaj]
collezionista (m)	kolektor	[kolektor]
collezionare (vt)	mengoleksi	[məŋoleksi]
collezione (f)	koleksi	[koleksi]
cruciverba (m)	teka-teki silang	[teka-teki silaŋ]
ippodromo (m)	lapangan pacu	[lapaŋan patʃu]

discoteca (f)	diskotik	[diskoti']
sauna (f)	sauna	[sauna]
lotteria (f)	lotre	[lotre]

campeggio (m)	darmawisata	[darmawisata]
campo (m)	perkemahan	[pərkemahan]
tenda (f) da campeggio	tenda, kemah	[tenda], [kemah]
bussola (f)	kompas	[kompas]
campeggiatore (m)	pewisata alam	[pewisata alam]

guardare (~ un film)	menonton	[mənonton]
telespettatore (m)	penonton	[penonton]
trasmissione (f)	acara TV	[atʃara ti-vi]

137. Fotografia

macchina (f) fotografica	kamera	[kamera]
fotografia (f)	foto	[foto]

fotografo (m)	fotografer	[fotografer]
studio (m) fotografico	studio foto	[studio foto]
album (m) di fotografie	album foto	[album foto]

obiettivo (m)	lensa kamera	[lensa kamera]
teleobiettivo (m)	lensa telefoto	[lensa telefoto]
filtro (m)	filter	[filter]
lente (f)	lensa	[lensa]

ottica (f)	alat optik	[alat opti']
diaframma (m)	diafragma	[diafragma]
tempo (m) di esposizione	kecepatan rana	[ketʃepatan rana]
mirino (m)	jendela pengamat	[dʒiendela peɲamat]

fotocamera (f) digitale	kamera digital	[kamera digital]
cavalletto (m)	kakitiga	[kakitiga]
flash (m)	blitz	[blits]

fotografare (vt)	memotret	[memotret]
fare foto	memotret	[memotret]
fotografarsi	berfoto	[bərfoto]

fuoco (m)	fokus	[fokus]
mettere a fuoco	mengatur fokus	[məŋatur fokus]
nitido (agg)	tajam	[tadʒiam]
nitidezza (f)	ketajaman	[ketadʒiaman]

contrasto (m)	kekontrasan	[kekontrasan]
contrastato (agg)	kontras	[kontras]

foto (f)	gambar foto	[gambar foto]
negativa (f)	negatif	[negatif]
pellicola (f) fotografica	film	[film]
fotogramma (m)	frame, gambar diam	[frame], [gambar diam]
stampare (~ le foto)	mencetak	[məntʃeta']

138. Spiaggia. Nuoto

spiaggia (f)	pantai	[pantaj]
sabbia (f)	pasir	[pasir]
deserto (agg)	sepi	[sepi]
abbronzatura (f)	hitam terbakar matahari	[hitam tərbakar matahari]
abbronzarsi (vr)	berjemur di sinar matahari	[bərdʒemur di sinar matahari]
abbronzato (agg)	hitam terbakar matahari	[hitam tərbakar matahari]
crema (f) solare	tabir surya	[tabir surja]
bikini (m)	bikini	[bikini]
costume (m) da bagno	baju renang	[badʒu renaŋ]
slip (m) da bagno	celana renang	[tʃelana renaŋ]
piscina (f)	kolam renang	[kolam renaŋ]
nuotare (vi)	berenang	[bərenaŋ]
doccia (f)	pancuran	[pantʃuran]
cambiarsi (~ i vestiti)	berganti pakaian	[bərganti pakajan]
asciugamano (m)	handuk	[handuʔ]
barca (f)	perahu	[pərahu]
motoscafo (m)	perahu motor	[pərahu motor]
sci (m) nautico	ski air	[ski air]
pedalò (m)	sepeda air	[sepeda air]
surf (m)	berselancar	[bərselantʃar]
surfista (m)	peselancar	[peselantʃar]
autorespiratore (m)	alat scuba	[alat skuba]
pinne (f pl)	sirip karet	[sirip karet]
maschera (f)	masker	[masker]
subacqueo (m)	penyelam	[penjelam]
tuffarsi (vr)	menyelam	[mənjelam]
sott'acqua	bawah air	[bawah air]
ombrellone (m)	payung	[pajuŋ]
sdraio (f)	kursi pantai	[kursi pantaj]
occhiali (m pl) da sole	kacamata hitam	[katʃamata hitam]
materasso (m) ad aria	kasur udara	[kasur udara]
giocare (vi)	bermain	[bərmajn]
fare il bagno	berenang	[bərenaŋ]
pallone (m)	bola pantai	[bola pantaj]
gonfiare (vt)	meniup	[məniup]
gonfiabile (agg)	udara	[udara]
onda (f)	gelombang	[gelombaŋ]
boa (f)	pelampung	[pelampuŋ]
annegare (vi)	tenggelam	[teŋgelam]
salvare (vt)	menyelamatkan	[mənjelamatkan]
giubbotto (m) di salvataggio	jaket pelampung	[dʒaket pelampuŋ]
osservare (vt)	mengamati	[məɲamati]
bagnino (m)	penyelamat	[penjelamat]

ATTREZZATURA TECNICA. MEZZI DI TRASPORTO

Attrezzatura tecnica

139. Computer

computer (m)	komputer	[komputer]
computer (m) portatile	laptop	[laptop]
accendere (vt)	menyalakan	[mənjalakan]
spegnere (vt)	mematikan	[mematikan]
tastiera (f)	keyboard, papan tombol	[keybor], [papan tombol]
tasto (m)	tombol	[tombol]
mouse (m)	tetikus	[tetikus]
tappetino (m) del mouse	bantal tetikus	[bantal tetikus]
tasto (m)	tombol	[tombol]
cursore (m)	kursor	[kursor]
monitor (m)	monitor	[monitor]
schermo (m)	layar	[lajar]
disco (m) rigido	hard disk, cakram keras	[hard disk], [tʃakram keras]
spazio (m) sul disco rigido	kapasitas cakram keras	[kapasitas tʃakram keras]
memoria (f)	memori	[memori]
memoria (f) operativa	memori akses acak	[memori akses atʃa']
file (m)	file, berkas	[file], [bərkas]
cartella (f)	folder	[folder]
aprire (vt)	membuka	[membuka]
chiudere (vt)	menutup	[mənutup]
salvare (vt)	menyimpan	[mənjimpan]
eliminare (vt)	menghapus	[məŋhapus]
copiare (vt)	menyalin	[mənjalin]
ordinare (vt)	menyortir	[mənjortir]
trasferire (vt)	mentransfer	[məntransfer]
programma (m)	program	[program]
software (m)	perangkat lunak	[pəraŋkat luna']
programmatore (m)	pemrogram	[pemrogram]
programmare (vt)	memprogram	[memprogram]
hacker (m)	peretas	[pəretas]
password (f)	kata sandi	[kata sandi]
virus (m)	virus	[virus]
trovare (un virus, ecc.)	mendeteksi	[məndeteksi]
byte (m)	bita	[bita]

megabyte (m)	megabita	[megabita]
dati (m pl)	data	[data]
database (m)	basis data, pangkalan data	[basis data], [paŋkalan data]

cavo (m)	kabel	[kabel]
sconnettere (vt)	melepaskan	[melepaskan]
collegare (vt)	menyambungkan	[mənjambuŋkan]

140. Internet. Posta elettronica

internet (f)	Internet	[internet]
navigatore (m)	peramban	[pəramban]
motore (m) di ricerca	mesin telusur	[mesin telusur]
provider (m)	provider	[provider]

webmaster (m)	webmaster, perancang web	[webmaster], [pəranʧaŋ web]
sito web (m)	situs web	[situs web]
pagina web (f)	halaman web	[halaman web]

| indirizzo (m) | alamat | [alamat] |
| rubrica (f) indirizzi | buku alamat | [buku alamat] |

casella (f) di posta	kotak surat	[kota' surat]
posta (f)	surat	[surat]
troppo piena (agg)	penuh	[penuh]

messaggio (m)	pesan	[pesan]
messaggi (m pl) in arrivo	pesan masuk	[pesan masu']
messaggi (m pl) in uscita	pesan keluar	[pesan keluar]

mittente (m)	pengirim	[peŋirim]
inviare (vt)	mengirim	[məŋirim]
invio (m)	pengiriman	[peŋiriman]

| destinatario (m) | penerima | [penerima] |
| ricevere (vt) | menerima | [mənerima] |

| corrispondenza (f) | surat-menyurat | [surat-menyurat] |
| essere in corrispondenza | surat-menyurat | [surat-menyurat] |

file (m)	file, berkas	[file], [bərkas]
scaricare (vt)	mengunduh	[məŋunduh]
creare (vt)	membuat	[membuat]
eliminare (vt)	menghapus	[məŋhapus]
eliminato (agg)	terhapus	[tərhapus]

connessione (f)	koneksi	[koneksi]
velocità (f)	kecepatan	[keʧepatan]
modem (m)	modem	[modem]
accesso (m)	akses	[akses]
porta (f)	porta	[porta]

| collegamento (m) | koneksi | [koneksi] |
| collegarsi a ... | terhubung ke ... | [tərhubuŋ ke ...] |

| scegliere (vt) | **memilih** | [memilih] |
| cercare (vt) | **mencari ...** | [mentʃari ...] |

Mezzi di trasporto

141. Aeroplano

aereo (m)	pesawat terbang	[pesawat tərbaŋ]
biglietto (m) aereo	tiket pesawat terbang	[tiket pesawat tərbaŋ]
compagnia (f) aerea	maskapai penerbangan	[maskapaj penerbaŋan]
aeroporto (m)	bandara	[bandara]
supersonico (agg)	supersonik	[supersoniʔ]
comandante (m)	kapten	[kapten]
equipaggio (m)	awak	[awaʔ]
pilota (m)	pilot	[pilot]
hostess (f)	pramugari	[pramugari]
navigatore (m)	navigator, penavigasi	[navigator], [penavigasi]
ali (f pl)	sayap	[sajap]
coda (f)	ekor	[ekor]
cabina (f)	kokpit	[kokpit]
motore (m)	mesin	[mesin]
carrello (m) d'atterraggio	roda pendarat	[roda pendarat]
turbina (f)	turbin	[turbin]
elica (f)	baling-baling	[baliŋ-baliŋ]
scatola (f) nera	kotak hitam	[kotaʔ hitam]
barra (f) di comando	kemudi	[kemudi]
combustibile (m)	bahan bakar	[bahan bakar]
safety card (f)	instruksi keselamatan	[instruksi keselamatan]
maschera (f) ad ossigeno	masker oksigen	[masker oksigen]
uniforme (f)	seragam	[seragam]
giubbotto (m) di salvataggio	jaket pelampung	[dʒʲaket pelampuŋ]
paracadute (m)	parasut	[parasut]
decollo (m)	lepas landas	[lepas landas]
decollare (vi)	bertolak	[bertolaʔ]
pista (f) di decollo	jalur lepas landas	[dʒʲalur lepas landas]
visibilità (f)	visibilitas, pandangan	[visibilitas], [pandaŋan]
volo (m)	penerbangan	[penerbaŋan]
altitudine (f)	ketinggian	[ketiŋgian]
vuoto (m) d'aria	lubang udara	[lubaŋ udara]
posto (m)	tempat duduk	[tempat duduʔ]
cuffia (f)	headphone, fonkepala	[headphone], [fonkepala]
tavolinetto (m) pieghevole	meja lipat	[medʒʲa lipat]
oblò (m), finestrino (m)	jendela pesawat	[dʒʲendela pesawat]
corridoio (m)	lorong	[loroŋ]

142. Treno

treno (m)	kereta api	[kereta api]
elettrotreno (m)	kereta api listrik	[kereta api listriʔ]
treno (m) rapido	kereta api cepat	[kereta api ʧepat]
locomotiva (f) diesel	lokomotif diesel	[lokomotif disel]
locomotiva (f) a vapore	lokomotif uap	[lokomotif uap]
carrozza (f)	gerbong penumpang	[gerboŋ penumpaŋ]
vagone (m) ristorante	gerbong makan	[gerboŋ makan]
rotaie (f pl)	rel	[rel]
ferrovia (f)	rel kereta api	[rel kereta api]
traversa (f)	bantalan rel	[bantalan rel]
banchina (f) (~ ferroviaria)	platform	[platform]
binario (m) (~ 1, 2)	jalur	[dʒʲalur]
semaforo (m)	semafor	[semafor]
stazione (f)	stasiun	[stasiun]
macchinista (m)	masinis	[masinis]
portabagagli (m)	porter	[porter]
cuccettista (m, f)	kondektur	[kondektur]
passeggero (m)	penumpang	[penumpaŋ]
controllore (m)	kondektur	[kondektur]
corridoio (m)	koridor	[koridor]
freno (m) di emergenza	rem darurat	[rem darurat]
scompartimento (m)	kabin	[kabin]
cuccetta (f)	bangku	[baŋku]
cuccetta (f) superiore	bangku atas	[baŋku atas]
cuccetta (f) inferiore	bangku bawah	[baŋku bawah]
biancheria (f) da letto	kain kasur	[kain kasur]
biglietto (m)	tiket	[tiket]
orario (m)	jadwal	[dʒʲadwal]
tabellone (m) orari	layar informasi	[lajar informasi]
partire (vi)	berangkat	[bəraŋkat]
partenza (f)	keberangkatan	[keberaŋkatan]
arrivare (di un treno)	datang	[dataŋ]
arrivo (m)	kedatangan	[kedataŋan]
arrivare con il treno	datang naik kereta api	[dataŋ najʔ kereta api]
salire sul treno	naik ke kereta	[naiʔ ke kereta]
scendere dal treno	turun dari kereta	[turun dari kereta]
deragliamento (m)	kecelakaan kereta	[keʧelakaʔan kereta]
deragliare (vi)	keluar rel	[keluar rel]
locomotiva (f) a vapore	lokomotif uap	[lokomotif uap]
fuochista (m)	juru api	[dʒʲuru api]
forno (m)	tungku	[tuŋku]
carbone (m)	batu bara	[batu bara]

143. Nave

| nave (f) | kapal | [kapal] |
| imbarcazione (f) | kapal | [kapal] |

piroscafo (m)	kapal uap	[kapal uap]
barca (f) fluviale	kapal api	[kapal api]
transatlantico (m)	kapal laut	[kapal laut]
incrociatore (m)	kapal penjelajah	[kapal pendʒʲeladʒʲah]

yacht (m)	perahu pesiar	[pərahu pesiar]
rimorchiatore (m)	kapal tunda	[kapal tunda]
chiatta (f)	tongkang	[toŋkaŋ]
traghetto (m)	feri	[feri]

| veliero (m) | kapal layar | [kapal lajar] |
| brigantino (m) | kapal brigantin | [kapal brigantin] |

| rompighiaccio (m) | kapal pemecah es | [kapal pemetʃah es] |
| sottomarino (m) | kapal selam | [kapal selam] |

barca (f)	perahu	[pərahu]
scialuppa (f)	sekoci	[sekotʃi]
scialuppa (f) di salvataggio	sekoci penyelamat	[sekotʃi penjelamat]
motoscafo (m)	perahu motor	[pərahu motor]

capitano (m)	kapten	[kapten]
marittimo (m)	kelasi	[kelasi]
marinaio (m)	pelaut	[pelaut]
equipaggio (m)	awak	[awaʔ]

nostromo (m)	bosman, bosun	[bosman], [bosun]
mozzo (m) di nave	kadet laut	[kadet laut]
cuoco (m)	koki	[koki]
medico (m) di bordo	dokter kapal	[dokter kapal]

ponte (m)	dek	[deʔ]
albero (m)	tiang	[tiaŋ]
vela (f)	layar	[lajar]

stiva (f)	lambung kapal	[lambuŋ kapal]
prua (f)	haluan	[haluan]
poppa (f)	buritan	[buritan]
remo (m)	dayung	[dajuŋ]
elica (f)	baling-baling	[baliŋ-baliŋ]

cabina (f)	kabin	[kabin]
quadrato (m) degli ufficiali	ruang rekreasi	[ruaŋ rekreasi]
sala (f) macchine	ruang mesin	[ruaŋ mesin]
ponte (m) di comando	anjungan kapal	[andʒʲuŋan kapal]
cabina (f) radiotelegrafica	ruang radio	[ruaŋ radio]
onda (f)	gelombang radio	[gelombaŋ radio]
giornale (m) di bordo	buku harian kapal	[buku harian kapal]
cannocchiale (m)	teropong	[təropoŋ]
campana (f)	lonceng	[lontʃeŋ]

bandiera (f)	bendera	[bendera]
cavo (m) (~ d'ormeggio)	tali	[tali]
nodo (m)	simpul	[simpul]

ringhiera (f)	pegangan	[peɳaŋan]
passerella (f)	tangga kapal	[taŋga kapal]

ancora (f)	jangkar	[dʒ'aŋkar]
levare l'ancora	mengangkat jangkar	[məŋaŋkat dʒ'aŋkar]
gettare l'ancora	menjatuhkan jangkar	[məndʒ'atuhkan dʒ'aŋkar]
catena (f) dell'ancora	rantai jangkar	[rantaj dʒ'aŋkar]

porto (m)	pelabuhan	[pelabuhan]
banchina (f)	dermaga	[dermaga]
ormeggiarsi (vr)	merapat	[merapat]
salpare (vi)	bertolak	[bərtolaʔ]

viaggio (m)	pengembaraan	[peɳembara'an]
crociera (f)	pesiar	[pesiar]
rotta (f)	haluan	[haluan]
itinerario (m)	rute	[rute]

secca (f)	beting	[betiŋ]
arenarsi (vr)	kandas	[kandas]

tempesta (f)	badai	[badaj]
segnale (m)	sinyal	[sinjal]
affondare (andare a fondo)	tenggelam	[teŋgelam]
Uomo in mare!	Orang hanyut!	[oraŋ hanyut!]
SOS	SOS	[es-o-es]
salvagente (m) anulare	pelampung penyelamat	[pelampuŋ penjelamat]

144. Aeroporto

aeroporto (m)	bandara	[bandara]
aereo (m)	pesawat terbang	[pesawat tərbaŋ]
compagnia (f) aerea	maskapai penerbangan	[maskapaj penerbaŋan]
controllore (m) di volo	pengawas lalu lintas udara	[peɳawas lalu lintas udara]

partenza (f)	keberangkatan	[keberaŋkatan]
arrivo (m)	kedatangan	[kedataŋan]
arrivare (vi)	datang	[dataŋ]

ora (f) di partenza	waktu keberangkatan	[waktu keberaŋkatan]
ora (f) di arrivo	waktu kedatangan	[waktu kedataŋan]

essere ritardato	terlambat	[tərlambat]
volo (m) ritardato	penundaan penerbangan	[penunda'an penerbaŋan]

tabellone (m) orari	papan informasi	[papan informasi]
informazione (f)	informasi	[informasi]
annunciare (vt)	mengumumkan	[meɳumumkan]
volo (m)	penerbangan	[penerbaŋan]
dogana (f)	pabean	[pabean]

doganiere (m)	petugas pabean	[petugas pabean]
dichiarazione (f)	pernyataan pabean	[pərnjataʔan pabean]
riempire (~ una dichiarazione)	mengisi	[məɲisi]
riempire una dichiarazione	mengisi formulir bea cukai	[məɲisi formulir bea ʧukaj]
controllo (m) passaporti	pemeriksaan paspor	[pemeriksaʔan paspor]
bagaglio (m)	bagasi	[bagasi]
bagaglio (m) a mano	jinjingan	[dʒindʒiɲan]
carrello (m)	troli bagasi	[troli bagasi]
atterraggio (m)	pendaratan	[pendaratan]
pista (f) di atterraggio	jalur pendaratan	[dʒ'alur pendaratan]
atterrare (vi)	mendarat	[məndarat]
scaletta (f) dell'aereo	tangga pesawat	[taŋga pesawat]
check-in (m)	check-in	[ʧekin]
banco (m) del check-in	meja check-in	[medʒ'a ʧekin]
fare il check-in	check-in	[ʧekin]
carta (f) d'imbarco	kartu pas	[kartu pas]
porta (f) d'imbarco	gerbang keberangkatan	[gerbaŋ keberaŋkatan]
transito (m)	transit	[transit]
aspettare (vt)	menunggu	[mənuŋgu]
sala (f) d'attesa	ruang tunggu	[ruaŋ tuŋgu]
accompagnare (vt)	mengantar	[məɲantar]
congedarsi (vr)	berpamitan	[bərpamitan]

145. Bicicletta. Motocicletta

bicicletta (f)	sepeda	[sepeda]
motorino (m)	skuter	[skuter]
motocicletta (f)	sepeda motor	[sepeda motor]
andare in bicicletta	naik sepeda	[naiʔ sepeda]
manubrio (m)	kemudi, setang	[kemudi], [setaŋ]
pedale (m)	pedal	[pedal]
freni (m pl)	rem	[rem]
sellino (m)	sadel	[sadel]
pompa (f)	pompa	[pompa]
portabagagli (m)	boncengan	[bonʧeɲan]
fanale (m) anteriore	lampu depan, berko	[lampu depan], [bərko]
casco (m)	helm	[helm]
ruota (f)	roda	[roda]
parafango (m)	sayap roda	[sajap roda]
cerchione (m)	bingkai	[biŋkaj]
raggio (m)	jari-jari, ruji	[dʒ'ari-dʒ'ari], [rudʒi]

Automobili

146. Tipi di automobile

automobile (f)	mobil	[mobil]
auto (f) sportiva	mobil sports	[mobil sports]
limousine (f)	limusin	[limusin]
fuoristrada (m)	kendaraan lintas medan	[kendara'an lintas medan]
cabriolet (m)	kabriolet	[kabriolet]
pulmino (m)	minibus	[minibus]
ambulanza (f)	ambulans	[ambulans]
spazzaneve (m)	truk pembersih salju	[tru' pembersih saldʒʲu]
camion (m)	truk	[tru']
autocisterna (f)	truk tangki	[tru' taŋki]
furgone (m)	mobil van	[mobil van]
motrice (f)	truk semi trailer	[tra' semi treyler]
rimorchio (m)	trailer	[treyler]
confortevole (agg)	nyaman	[njaman]
di seconda mano	bekas	[bekas]

147. Automobili. Carrozzeria

cofano (m)	kap	[kap]
parafango (m)	sepatbor	[sepatbor]
tetto (m)	atap	[atap]
parabrezza (m)	kaca depan	[katʃa depan]
retrovisore (m)	spion belakang	[spion belakaŋ]
lavacristallo (m)	pencuci kaca	[pentʃutʃi katʃa]
tergicristallo (m)	karet wiper	[karet wiper]
finestrino (m) laterale	jendela mobil	[dʒʲendela mobil]
alzacristalli (m)	pemutar jendela	[pemutar dʒʲendela]
antenna (f)	antena	[antena]
tettuccio (m) apribile	panel atap	[panel atap]
paraurti (m)	bumper	[bumper]
bagagliaio (m)	bagasi mobil	[bagasi mobil]
portapacchi (m)	rak bagasi atas	[ra' bagasi atas]
portiera (f)	pintu	[pintu]
maniglia (f)	gagang pintu	[gagaŋ pintu]
serratura (f)	kunci	[kuntʃi]
targa (f)	pelat nomor	[pelat nomor]
marmitta (f)	peredam suara	[pəredam suara]

serbatoio (m) della benzina	**tangki bahan bakar**	[taŋki bahan bakar]
tubo (m) di scarico	**knalpot**	[knalpot]
acceleratore (m)	**gas**	[gas]
pedale (m)	**pedal**	[pedal]
pedale (m) dell'acceleratore	**pedal gas**	[pedal gas]
freno (m)	**rem**	[rem]
pedale (m) del freno	**pedal rem**	[pedal rem]
frenare (vi)	**mengerem**	[məŋerem]
freno (m) a mano	**rem tangan**	[rem taŋan]
frizione (f)	**kopling**	[kopliŋ]
pedale (m) della frizione	**pedal kopling**	[pedal kopliŋ]
disco (m) della frizione	**pelat kopling**	[pelat kopliŋ]
ammortizzatore (m)	**peredam kejut**	[pəredam kedʒ'ut]
ruota (f)	**roda**	[roda]
ruota (f) di scorta	**ban serep**	[ban serep]
pneumatico (m)	**ban**	[ban]
copriruota (m)	**dop**	[dop]
ruote (f pl) motrici	**roda penggerak**	[roda peŋgeraʔ]
a trazione anteriore	**penggerak roda depan**	[peŋgeraʔ roda depan]
a trazione posteriore	**penggerak roda belakang**	[peŋgeraʔ roda belakaŋ]
a trazione integrale	**penggerak roda empat**	[peŋgeraʔ roda empat]
scatola (f) del cambio	**transmisi, girboks**	[transmisi], [girboks]
automatico (agg)	**otomatis**	[otomatis]
meccanico (agg)	**mekanis**	[mekanis]
leva (f) del cambio	**tuas persneling**	[tuas persneliŋ]
faro (m)	**lampu depan**	[lampu depan]
luci (f pl), fari (m pl)	**lampu depan**	[lampu depan]
luci (f pl) anabbaglianti	**lampu dekat**	[lampu dekat]
luci (f pl) abbaglianti	**lampu jauh**	[lampu dʒ'auh]
luci (f pl) di arresto	**lampu rem**	[lampu rem]
luci (f pl) di posizione	**lampu kecil**	[lampu ketʃil]
luci (f pl) di emergenza	**lampu bahaya**	[lampu bahaja]
fari (m pl) antinebbia	**lampu kabut**	[lampu kabut]
freccia (f)	**lampu sein**	[lampu sein]
luci (f pl) di retromarcia	**lampu belakang**	[lampu belakaŋ]

148. Automobili. Vano passeggeri

abitacolo (m)	**kabin, interior**	[kabin], [interior]
di pelle	**kulit**	[kulit]
in velluto	**velour**	[velour]
rivestimento (m)	**pelapis jok**	[pelapis dʒo']
strumento (m) di bordo	**alat pengukur**	[alat peŋukur]
cruscotto (m)	**dasbor**	[dasbor]

| tachimetro (m) | spidometer | [spidometer] |
| lancetta (f) | jarum | [dʒiarum] |

contachilometri (m)	odometer	[odometer]
indicatore (m)	indikator, sensor	[indikator], [sensor]
livello (m)	level	[level]
spia (f) luminosa	lampu indikator	[lampu indikator]

volante (m)	setir	[setir]
clacson (m)	klakson	[klakson]
pulsante (m)	tombol	[tombol]
interruttore (m)	tuas	[tuas]

sedile (m)	jok	[dʒoʔ]
spalliera (f)	sandaran	[sandaran]
appoggiatesta (m)	sandaran kepala	[sandaran kepala]
cintura (f) di sicurezza	sabuk pengaman	[sabuʔ peŋaman]
allacciare la cintura	mengencangkan sabuk pengaman	[məŋentʃaŋkan sabuʔ peŋaman]
regolazione (f)	penyetelan	[penjetelan]

| airbag (m) | bantal udara | [bantal udara] |
| condizionatore (m) | penyejuk udara | [penjedʒiuʔ udara] |

radio (f)	radio	[radio]
lettore (m) CD	pemutar CD	[pemutar si-di]
accendere (vt)	menyalakan	[mənjalakan]
antenna (f)	antena	[antena]
vano (m) portaoggetti	laci depan	[latʃi depan]
portacenere (m)	asbak	[asbaʔ]

149. Automobili. Motore

motore (m)	mesin	[mesin]
motore (m)	motor	[motor]
a diesel	diesel	[disel]
a benzina	bensin	[bensin]

cilindrata (f)	kapasitas mesin	[kapasitas mesin]
potenza (f)	daya, tenaga	[daja], [tenaga]
cavallo vapore (m)	tenaga kuda	[tenaga kuda]
pistone (m)	piston	[piston]
cilindro (m)	silinder	[silinder]
valvola (f)	katup	[katup]

iniettore (m)	injektor	[indʒiektor]
generatore (m)	generator	[generator]
carburatore (m)	karburator	[karburator]
olio (m) motore	oli	[oli]

radiatore (m)	radiator	[radiator]
liquido (m) di raffreddamento	cairan pendingin	[tʃajran pendiŋin]
ventilatore (m)	kipas angin	[kipas aŋin]
batteria (m)	aki	[aki]

motorino (m) d'avviamento	starter	[starter]
accensione (f)	pengapian	[peŋapian]
candela (f) d'accensione	busi	[busi]

morsetto (m)	elektroda	[elektroda]
più (m)	terminal positif	[tərminal positif]
meno (m)	terminal negatif	[tərminal negatif]
fusibile (m)	sekering	[sekeriŋ]

filtro (m) dell'aria	filter udara	[filter udara]
filtro (m) dell'olio	filter oli	[filter oli]
filtro (m) del carburante	filter bahan bakar	[filter bahan bakar]

150. Automobili. Incidente. Riparazione

incidente (m)	kecelakaan mobil	[ketʃelaka'an mobil]
incidente (m) stradale	kecelakaan jalan raya	[ketʃelaka'an dʒ'alan raja]
sbattere contro ...	menabrak	[mənabra']
avere un incidente	mengalami kecelakaan	[məŋalami ketʃelaka'an]
danno (m)	kerusakan	[kerusakan]
illeso (agg)	tidak tersentuh	[tida' tərsentuh]

guasto (m), avaria (f)	kerusakan	[kerusakan]
essere rotto	rusak	[rusa']
cavo (m) di rimorchio	tali penyeret	[tali penjeret]

foratura (f)	ban bocor	[ban botʃor]
essere a terra	kempes	[kempes]
gonfiare (vt)	memompa	[memompa]
pressione (f)	tekanan	[tekanan]
controllare (verificare)	memeriksa	[memeriksa]

riparazione (f)	reparasi	[reparasi]
officina (f) meccanica	bengkel mobil	[beŋkel mobil]
pezzo (m) di ricambio	onderdil, suku cadang	[onderdil], [suku tʃadaŋ]
pezzo (m)	komponen	[komponen]

bullone (m)	baut	[baut]
bullone (m) a vite	sekrup	[sekrup]
dado (m)	mur	[mur]
rondella (f)	ring	[riŋ]
cuscinetto (m)	bantalan luncur	[bantalan luntʃur]

tubo (m)	pipa	[pipa]
guarnizione (f)	gasket	[gasket]
filo (m), cavo (m)	kabel, kawat	[kabel], [kawat]

cric (m)	dongkrak	[doŋkra']
chiave (f)	kunci pas	[kuntʃi pas]
martello (m)	martil, palu	[martil], [palu]
pompa (f)	pompa	[pompa]
giravite (m)	obeng	[obeŋ]
estintore (m)	pemadam api	[pemadam api]
triangolo (m) di emergenza	segi tiga pengaman	[segi tiga peŋaman]

spegnersi (vr)	mogok	[mogoʔ]
spegnimento (m) motore	mogok	[mogoʔ]
essere rotto	rusak	[rusaʔ]

surriscaldarsi (vr)	kepanasan	[kepanasan]
intasarsi (vr)	tersumbat	[tərsumbat]
ghiacciarsi (di tubi, ecc.)	membeku	[membeku]
spaccarsi (vr)	pecah	[petʃah]

pressione (f)	tekanan	[tekanan]
livello (m)	level	[level]
lento (cinghia ~a)	longgar	[loŋgar]

ammaccatura (f)	penyok	[penjoʔ]
battito (m) (nel motore)	ketukan	[ketukan]
fessura (f)	retak	[retaʔ]
graffiatura (f)	gores	[gores]

151. Automobili. Strada

strada (f)	jalan	[dʒʲalan]
autostrada (f)	jalan raya	[dʒʲalan raja]
superstrada (f)	jalan raya	[dʒʲalan raja]
direzione (f)	arah	[arah]
distanza (f)	jarak	[dʒʲaraʔ]

ponte (m)	jembatan	[dʒʲembatan]
parcheggio (m)	tempat parkir	[tempat parkir]
piazza (f)	lapangan	[lapaŋan]
svincolo (m)	jembatan simpang susun	[dʒʲembatan simpaŋ susun]
galleria (f), tunnel (m)	terowongan	[tərowoŋan]

distributore (m) di benzina	SPBU, stasiun bensin	[es-pe-be-u], [stasjun bensin]
parcheggio (m)	tempat parkir	[tempat parkir]
pompa (f) di benzina	stasiun bahan bakar	[stasiun bahan bakar]
officina (f) meccanica	bengkel mobil	[beŋkel mobil]
fare benzina	mengisi bahan bakar	[məŋisi bahan bakar]
carburante (m)	bahan bakar	[bahan bakar]
tanica (f)	jeriken	[dʒʲeriken]

asfalto (m)	aspal	[aspal]
segnaletica (f) stradale	penandaan jalan	[penandaʔan dʒʲalan]
cordolo (m)	kerb jalan	[kerb dʒʲalan]
barriera (f) di sicurezza	pagar pematas	[pagar pematas]
fosso (m)	parit	[parit]
ciglio (m) della strada	bahu jalan	[bahu dʒʲalan]
lampione (m)	tiang lampu	[tiaŋ lampu]

guidare (~ un veicolo)	menyetir	[mənjetir]
girare (~ a destra)	membelok	[membeloʔ]
fare un'inversione a U	memutar arah	[memutar arah]
retromarcia (m)	mundur	[mundur]
suonare il clacson	membunyikan klakson	[membunjikan klakson]
colpo (m) di clacson	suara klakson	[suara klakson]

incastrarsi (vr)	terjebak	[tərdʒˈebaʔ]
impantanarsi (vr)	terjebak	[tərdʒˈebaʔ]
spegnere (~ il motore)	mematikan	[mematikan]

velocità (f)	kecepatan	[ketʃepatan]
superare i limiti di velocità	melebihi batas kecepatan	[melebihi batas ketʃepatan]
multare (vt)	memberikan surat tilang	[memberikan surat tilaŋ]
semaforo (m)	lampu lalu lintas	[lampu lalu lintas]
patente (f) di guida	Surat Izin Mengemudi, SIM	[surat izin məŋemudi], [sim]

passaggio (m) a livello	lintasan	[lintasan]
incrocio (m)	persimpangan	[pərsimpaŋan]
passaggio (m) pedonale	penyeberangan	[penjeberaŋan]
curva (f)	tikungan	[tikuŋan]
zona (f) pedonale	kawasan pejalan kaki	[kawasan pedʒˈalan kaki]

GENTE. SITUAZIONI QUOTIDIANE

Situazioni quotidiane

152. Vacanze. Evento

festa (f)	perayaan	[pəraja?an]
festa (f) nazionale	hari besar nasional	[hari besar nasional]
festività (f) civile	hari libur	[hari libur]
festeggiare (vt)	merayakan	[merajakan]

avvenimento (m)	peristiwa, kejadian	[pəristiwa], [kedʒ¦adian]
evento (m) (organizzare un ~)	acara	[atʃara]
banchetto (m)	banket	[banket]
ricevimento (m)	resepsi	[resepsi]
festino (m)	pesta	[pesta]

anniversario (m)	hari jadi, HUT	[hari dʒ¦adi], [ha-u-te]
giubileo (m)	yubileum	[yubileum]
festeggiare (vt)	merayakan	[merajakan]

Capodanno (m)	Tahun Baru	[tahun baru]
Buon Anno!	Selamat Tahun Baru!	[selamat tahun baru!]
Babbo Natale (m)	Sinterklas	[sinterklas]

Natale (m)	Natal	[natal]
Buon Natale!	Selamat Hari Natal!	[selamat hari natal!]
Albero (m) di Natale	pohon Natal	[pohon natal]
fuochi (m pl) artificiali	kembang api	[kembaŋ api]

nozze (f pl)	pernikahan	[pərnikahan]
sposo (m)	mempelai lelaki	[mempelaj lelaki]
sposa (f)	mempelai perempuan	[mempelaj pərempuan]

| invitare (vt) | mengundang | [məŋundaŋ] |
| invito (m) | kartu undangan | [kartu undaŋan] |

ospite (m)	tamu	[tamu]
andare a trovare	mengunjungi	[məŋundʒ¦uŋi]
accogliere gli invitati	menyambut tamu	[mənjambut tamu]

regalo (m)	hadiah	[hadiah]
offrire (~ un regalo)	memberi	[memberi]
ricevere i regali	menerima hadiah	[mənerima hadiah]
mazzo (m) di fiori	buket	[buket]

auguri (m pl)	ucapan selamat	[utʃapan selamat]
augurare (vt)	mengucapkan selamat	[məŋutʃapkan selamat]
cartolina (f)	kartu ucapan selamat	[kartu utʃapan selamat]

mandare una cartolina	**mengirim kartu pos**	[məɲirim kartu pos]
ricevere una cartolina	**menerima kartu pos**	[mənerima kartu pos]
brindisi (m)	**toas**	[toas]
offrire (~ qualcosa da bere)	**menawari**	[mənawari]
champagne (m)	**sampanye**	[sampanje]
divertirsi (vr)	**bersukaria**	[bərsukaria]
allegria (f)	**keriangan, kegembiraan**	[kerianan], [kegembira'an]
gioia (f)	**kegembiraan**	[kegembira'an]
danza (f), ballo (m)	**dansa, tari**	[dansa], [tari]
ballare (vi, vt)	**berdansa, menari**	[bərdansa], [menari]
valzer (m)	**wals**	[wals]
tango (m)	**tango**	[taŋo]

153. Funerali. Sepoltura

cimitero (m)	**pemakaman**	[pemakaman]
tomba (f)	**makam**	[makam]
croce (f)	**salib**	[salib]
pietra (f) tombale	**batu nisan**	[batu nisan]
recinto (m)	**pagar**	[pagar]
cappella (f)	**kapel**	[kapel]
morte (f)	**kematian**	[kematian]
morire (vi)	**mati, meninggal**	[mati], [meniŋgal]
defunto (m)	**almarhum**	[almarhum]
lutto (m)	**perkabungan**	[pərkabuŋan]
seppellire (vt)	**memakamkan**	[memakamkan]
sede (f) di pompe funebri	**rumah duka**	[rumah duka]
funerale (m)	**pemakaman**	[pemakaman]
corona (f) di fiori	**karangan bunga**	[karaŋan buŋa]
bara (f)	**keranda**	[keranda]
carro (m) funebre	**mobil jenazah**	[mobil dʒʲenazah]
lenzuolo (m) funebre	**kain kafan**	[kain kafan]
corteo (m) funebre	**prosesi pemakaman**	[prosesi pemakaman]
urna (f) funeraria	**guci abu jenazah**	[gutʃi abu dʒʲenazah]
crematorio (m)	**krematorium**	[krematorium]
necrologio (m)	**obituarium**	[obituarium]
piangere (vi)	**menangis**	[mənaŋis]
singhiozzare (vi)	**meratap**	[meratap]

154. Guerra. Soldati

plotone (m)	**peleton**	[peleton]
compagnia (f)	**kompi**	[kompi]

reggimento (m)	resimen	[resimen]
esercito (m)	tentara	[tentara]
divisione (f)	divisi	[divisi]
distaccamento (m)	pasukan	[pasukan]
armata (f)	tentara	[tentara]
soldato (m)	tentara, serdadu	[tentara], [serdadu]
ufficiale (m)	perwira	[pərwira]
soldato (m) semplice	prajurit	[pradʒʲurit]
sergente (m)	sersan	[sersan]
tenente (m)	letnan	[letnan]
capitano (m)	kapten	[kapten]
maggiore (m)	mayor	[major]
colonnello (m)	kolonel	[kolonel]
generale (m)	jenderal	[dʒʲenderal]
marinaio (m)	pelaut	[pelaut]
capitano (m)	kapten	[kapten]
nostromo (m)	bosman, bosun	[bosman], [bosun]
artigliere (m)	tentara artileri	[tentara artileri]
paracadutista (m)	pasukan penerjun	[pasukan penerdʒʲun]
pilota (m)	pilot	[pilot]
navigatore (m)	navigator, penavigasi	[navigator], [penavigasi]
meccanico (m)	mekanik	[mekaniʔ]
geniere (m)	pencari ranjau	[pentʃari randʒʲau]
paracadutista (m)	parasutis	[parasutis]
esploratore (m)	pengintai	[peɲintaj]
cecchino (m)	penembak jitu	[penembaʔ dʒitu]
pattuglia (f)	patroli	[patroli]
pattugliare (vt)	berpatroli	[bərpatroli]
sentinella (f)	pengawal	[peŋawal]
guerriero (m)	prajurit	[pradʒʲurit]
patriota (m)	patriot	[patriot]
eroe (m)	pahlawan	[pahlawan]
eroina (f)	pahlawan wanita	[pahlawan wanita]
traditore (m)	pengkhianat	[peŋhianat]
tradire (vt)	mengkhianati	[meŋhianati]
disertore (m)	desertir	[desertir]
disertare (vi)	melakukan desersi	[melakukan desersi]
mercenario (m)	tentara bayaran	[tentara bajaran]
recluta (f)	rekrut, calon tentara	[rekrut], [tʃalon tentara]
volontario (m)	sukarelawan	[sukarelawan]
ucciso (m)	korban meninggal	[korban meniŋgal]
ferito (m)	korban luka	[korban luka]
prigioniero (m) di guerra	tawanan perang	[tawanan pəraŋ]

155. Guerra. Azioni militari. Parte 1

guerra (f)	perang	[peraŋ]
essere in guerra	berperang	[bərperaŋ]
guerra (f) civile	perang saudara	[pəraŋ saudara]
perfidamente	secara curang	[setʃara tʃuraŋ]
dichiarazione (f) di guerra	pernyataan perang	[pərnjata'an pəraŋ]
dichiarare (~ guerra)	menyatakan perang	[mənjatakan pəraŋ]
aggressione (f)	agresi	[agresi]
attaccare (vt)	menyerang	[mənjeraŋ]
invadere (vt)	menduduki	[mənduduki]
invasore (m)	penduduk	[pendudu']
conquistatore (m)	penakluk	[penaklu']
difesa (f)	pertahanan	[pərtahanan]
difendere (~ un paese)	mempertahankan	[mempertahankan]
difendersi (vr)	bertahan ...	[bərtahan ...]
nemico (m)	musuh	[musuh]
avversario (m)	lawan	[lawan]
ostile (agg)	musuh	[musuh]
strategia (f)	strategi	[strategi]
tattica (f)	taktik	[takti']
ordine (m)	perintah	[perintah]
comando (m)	perintah	[perintah]
ordinare (vt)	memerintahkan	[memerintahkan]
missione (f)	tugas	[tugas]
segreto (agg)	rahasia	[rahasia]
battaglia (f)	pertempuran	[pertempuran]
combattimento (m)	pertempuran	[pertempuran]
attacco (m)	serangan	[seraŋan]
assalto (m)	serbuan	[serbuan]
assalire (vt)	menyerbu	[mənjerbu]
assedio (m)	kepungan	[kepuŋan]
offensiva (f)	serangan	[seraŋan]
passare all'offensiva	menyerang	[mənjeraŋ]
ritirata (f)	pengunduran	[peŋunduran]
ritirarsi (vr)	mundur	[mundur]
accerchiamento (m)	pengepungan	[peŋepuŋan]
accerchiare (vt)	mengepung	[məŋepuŋ]
bombardamento (m)	pengeboman	[peŋeboman]
lanciare una bomba	menjatuhkan bom	[məndʒatuhkan bom]
bombardare (vt)	mengebom	[məŋebom]
esplosione (f)	ledakan	[ledakan]
sparo (m)	tembakan	[tembakan]

| sparare un colpo | melepaskan | [melepaskan] |
| sparatoria (f) | penembakan | [penembakan] |

puntare su ...	membidik	[membidiʔ]
puntare (~ una pistola)	mengarahkan	[məŋarahkan]
colpire (~ il bersaglio)	mengenai	[məŋenaj]

affondare (mandare a fondo)	menenggelamkan	[mənəŋgelamkan]
falla (f)	lubang	[lubaŋ]
affondare (andare a fondo)	karam	[karam]

fronte (m) (~ di guerra)	garis depan	[garis depan]
evacuazione (f)	evakuasi	[evakuasi]
evacuare (vt)	mengevakuasi	[məŋevakuasi]

trincea (f)	parit perlindungan	[parit pərlinduŋan]
filo (m) spinato	kawat berduri	[kawat bərduri]
sbarramento (m)	rintangan	[rintaŋan]
torretta (f) di osservazione	menara	[mənara]

ospedale (m) militare	rumah sakit militer	[rumah sakit militer]
ferire (vt)	melukai	[melukaj]
ferita (f)	luka	[luka]
ferito (m)	korban luka	[korban luka]
rimanere ferito	terluka	[tərluka]
grave (ferita ~)	parah	[parah]

156. Armi

armi (f pl)	senjata	[sendʒʲata]
arma (f) da fuoco	senjata api	[sendʒʲata api]
arma (f) bianca	sejata tajam	[sedʒʲata tadʒʲam]

armi (f pl) chimiche	senjata kimia	[sendʒʲata kimia]
nucleare (agg)	nuklir	[nuklir]
armi (f pl) nucleari	senjata nuklir	[sendʒʲata nuklir]

| bomba (f) | bom | [bom] |
| bomba (f) atomica | bom atom | [bom atom] |

pistola (f)	pistol	[pistol]
fucile (m)	senapan	[senapan]
mitra (m)	senapan otomatis	[senapan otomatis]
mitragliatrice (f)	senapan mesin	[senapan mesin]

bocca (f)	moncong	[montʃoŋ]
canna (f)	laras	[laras]
calibro (m)	kaliber	[kaliber]

grilletto (m)	pelatuk	[pelatuʔ]
mirino (m)	pembidik	[pembidiʔ]
caricatore (m)	magasin	[magasin]
calcio (m)	pantat senapan	[pantat senapan]
bomba (f) a mano	granat tangan	[granat taŋan]

esplosivo (m)	bahan peledak	[bahan peleda']
pallottola (f)	peluru	[peluru]
cartuccia (f)	patrun	[patrun]
carica (f)	isian	[isian]
munizioni (f pl)	amunisi	[amunisi]

bombardiere (m)	pesawat pengebom	[pesawat peŋebom]
aereo (m) da caccia	pesawat pemburu	[pesawat pemburu]
elicottero (m)	helikopter	[helikopter]

cannone (m) antiaereo	meriam penangkis serangan udara	[meriam penaŋkis seraŋan udara]
carro (m) armato	tank	[tan']
cannone (m)	meriam tank	[meriam tan']

artiglieria (f)	artileri	[artileri]
cannone (m)	meriam	[meriam]
mirare a …	mengarahkan	[məŋarahkan]

proiettile (m)	peluru	[peluru]
granata (f) da mortaio	peluru mortir	[peluru mortir]
mortaio (m)	mortir	[mortir]
scheggia (f)	serpihan	[serpihan]

sottomarino (m)	kapal selam	[kapal selam]
siluro (m)	torpedo	[torpedo]
missile (m)	rudal	[rudal]

caricare (~ una pistola)	mengisi	[məŋisi]
sparare (vi)	menembak	[mənemba']
puntare su …	membidik	[membidi']
baionetta (f)	bayonet	[bajonet]

spada (f)	pedang rapier	[pedaŋ rapier]
sciabola (f)	pedang saber	[pedaŋ saber]
lancia (f)	lembing	[lembiŋ]
arco (m)	busur panah	[busur panah]
freccia (f)	anak panah	[ana' panah]
moschetto (m)	senapan lantak	[senapan lanta']
balestra (f)	busur silang	[busur silaŋ]

157. Gli antichi

primitivo (agg)	primitif	[primitif]
preistorico (agg)	prasejarah	[prasedʒɪarah]
antico (agg)	kuno	[kuno]

Età (f) della pietra	Zaman Batu	[zaman batu]
Età (f) del bronzo	Zaman Perunggu	[zaman pəruŋgu]
epoca (f) glaciale	Zaman Es	[zaman es]

tribù (f)	suku	[suku]
cannibale (m)	kanibal	[kanibal]
cacciatore (m)	pemburu	[pemburu]

cacciare (vt)	berburu	[bərburu]
mammut (m)	mamut	[mamut]
caverna (f), grotta (f)	gua	[gua]
fuoco (m)	api	[api]
falò (m)	api unggun	[api uŋgun]
pittura (f) rupestre	lukisan gua	[lukisan gua]
strumento (m) di lavoro	alat kerja	[alat kerdʒᴉa]
lancia (f)	tombak	[tombaʔ]
ascia (f) di pietra	kapak batu	[kapaʔ batu]
essere in guerra	berperang	[bərperaŋ]
addomesticare (vt)	menjinakkan	[məndʒinaʔkan]
idolo (m)	berhala	[bərhala]
idolatrare (vt)	memuja	[memudʒᴉa]
superstizione (f)	takhayul	[tahajul]
rito (m)	upacara	[upatʃara]
evoluzione (f)	evolusi	[evolusi]
sviluppo (m)	perkembangan	[pərkembaŋan]
estinzione (f)	kehilangan	[kehilaŋan]
adattarsi (vr)	menyesuaikan diri	[mənjesuajkan diri]
archeologia (f)	arkeologi	[arkeologi]
archeologo (m)	arkeolog	[arkeolog]
archeologico (agg)	arkeologis	[arkeologis]
sito (m) archeologico	situs ekskavasi	[situs ekskavasi]
scavi (m pl)	ekskavasi	[ekskavasi]
reperto (m)	penemuan	[penemuan]
frammento (m)	fragmen	[fragmen]

158. Il Medio Evo

popolo (m)	rakyat	[rakjat]
popoli (m pl)	bangsa-bangsa	[baŋsa-baŋsa]
tribù (f)	suku	[suku]
tribù (f pl)	suku-suku	[suku-suku]
barbari (m pl)	kaum barbar	[kaum barbar]
galli (m pl)	kaum Gaul	[kaum gaul]
goti (m pl)	kaum Goth	[kaum got]
slavi (m pl)	kaum Slavia	[kaum slavia]
vichinghi (m pl)	kaum Viking	[kaum vikiŋ]
romani (m pl)	kaum Roma	[kaum roma]
romano (agg)	Romawi	[romawi]
bizantini (m pl)	kaum Byzantium	[kaum bizantium]
Bisanzio (m)	Byzantium	[bizantium]
bizantino (agg)	Byzantium	[bizantium]
imperatore (m)	kaisar	[kajsar]
capo (m)	pemimpin	[pemimpin]

potente (un re ~)	adikuasa, berkuasa	[adikuasa], [bərkuasa]
re (m)	raja	[radʒia]
governante (m) (sovrano)	penguasa	[peŋuasa]
cavaliere (m)	ksatria	[ksatria]
feudatario (m)	tuan	[tuan]
feudale (agg)	feodal	[feodal]
vassallo (m)	vasal	[vasal]
duca (m)	duke	[duke]
conte (m)	earl	[earl]
barone (m)	baron	[baron]
vescovo (m)	uskup	[uskup]
armatura (f)	baju besi	[badʒiu besi]
scudo (m)	perisai	[pərisaj]
spada (f)	pedang	[pedaŋ]
visiera (f)	visor, topeng besi	[visor], [topeŋ besi]
cotta (f) di maglia	baju zirah	[badʒiu zirah]
crociata (f)	Perang Salib	[pəraŋ salib]
crociato (m)	kaum salib	[kaum salib]
territorio (m)	wilayah	[wilajah]
attaccare (vt)	menyerang	[mənjeraŋ]
conquistare (vt)	menaklukkan	[mənakluʔkan]
occupare (invadere)	menduduki	[mənduduki]
assedio (m)	kepungan	[kepuŋan]
assediato (agg)	terkepung	[tərkepuŋ]
assediare (vt)	mengepung	[məŋepuŋ]
inquisizione (f)	inkuisisi	[inkuisisi]
inquisitore (m)	inkuisitor	[inkuisitor]
tortura (f)	siksaan	[siksaʔan]
crudele (agg)	kejam	[kedʒiam]
eretico (m)	penganut bidah	[peŋanut bidah]
eresia (f)	bidah	[bidah]
navigazione (f)	pelayaran laut	[pelajaran laut]
pirata (m)	bajak laut	[badʒia' laut]
pirateria (f)	pembajakan	[pembadʒiakan]
arrembaggio (m)	serangan terhadap kapal dari dekat	[seraŋan tərhadap kapal dari dekat]
bottino (m)	rampasan	[rampasan]
tesori (m)	harta karun	[harta karun]
scoperta (f)	penemuan	[penemuan]
scoprire (~ nuove terre)	menemukan	[mənemukan]
spedizione (f)	ekspedisi	[ekspedisi]
moschettiere (m)	musketir	[musketir]
cardinale (m)	kardinal	[kardinal]
araldica (f)	heraldik	[heraldiʔ]
araldico (agg)	heraldik	[heraldiʔ]

159. Leader. Capo. Le autorità

re (m)	raja	[radʒia]
regina (f)	ratu	[ratu]
reale (agg)	kerajaan, raja	[keradʒia'an], [radʒia]
regno (m)	kerajaan	[keradʒia'an]
principe (m)	pangeran	[paŋeran]
principessa (f)	putri	[putri]
presidente (m)	presiden	[presiden]
vicepresidente (m)	wakil presiden	[wakil presiden]
senatore (m)	senator	[senator]
monarca (m)	monark	[monar']
governante (m) (sovrano)	penguasa	[peŋuasa]
dittatore (m)	diktator	[diktator]
tiranno (m)	tiran	[tiran]
magnate (m)	magnat	[magnat]
direttore (m)	direktur	[direktur]
capo (m)	atasan	[atasan]
dirigente (m)	manajer	[manadʒier]
capo (m)	bos	[bos]
proprietario (m)	pemilik	[pemili']
leader (m)	pemimpin	[pemimpin]
capo (m) (~ delegazione)	kepala	[kepala]
autorità (f pl)	pihak berwenang	[piha' bərwenaŋ]
superiori (m pl)	atasan	[atasan]
governatore (m)	gabernur	[gabernur]
console (m)	konsul	[konsul]
diplomatico (m)	diplomat	[diplomat]
sindaco (m)	walikota	[walikota]
sceriffo (m)	sheriff	[ʃeriff]
imperatore (m)	kaisar	[kajsar]
zar (m)	tsar, raja	[tsar], [radʒia]
faraone (m)	firaun	[firaun]
khan (m)	khan	[han]

160. Infrangere la legge. Criminali. Parte 1

bandito (m)	bandit	[bandit]
delitto (m)	kejahatan	[kedʒiahatan]
criminale (m)	penjahat	[pendʒiahat]
ladro (m)	pencuri	[pentʃuri]
rubare (vi, vt)	mencuri	[məntʃuri]
furto (m), ruberia (f)	pencurian	[pentʃurian]
rapire (vt)	menculik	[məntʃuli']
rapimento (m)	penculikan	[pentʃulikan]

rapitore (m)	penculik	[pentʃuliʔ]
riscatto (m)	uang tebusan	[uaŋ tebusan]
chiedere il riscatto	menuntut uang tebusan	[mənuntut uaŋ tebusan]

rapinare (vt)	merampok	[merampoʔ]
rapina (f)	perampokan	[perampokan]
rapinatore (m)	perampok	[perampoʔ]

estorcere (vt)	memeras	[memeras]
estorsore (m)	pemeras	[pemeras]
estorsione (f)	pemerasan	[pemerasan]

uccidere (vt)	membunuh	[membunuh]
assassinio (m)	pembunuhan	[pembunuhan]
assassino (m)	pembunuh	[pembunuh]

sparo (m)	tembakan	[tembakan]
tirare un colpo	melepaskan	[melepaskan]
abbattere (con armi da fuoco)	menembak mati	[mənembaʼ mati]
sparare (vi)	menembak	[mənembaʔ]
sparatoria (f)	penembakan	[penembakan]
incidente (m) (rissa, ecc.)	insiden, kejadian	[insiden], [kedʒ¡adian]
rissa (f)	perkelahian	[pərkelahian]
Aiuto!	Tolong!	[toloŋ!]
vittima (f)	korban	[korban]

danneggiare (vt)	merusak	[merusaʔ]
danno (m)	kerusakan	[kerusakan]
cadavere (m)	jenazah, mayat	[dʒ¡enazah], [majat]
grave (reato ~)	berat	[berat]

aggredire (vt)	menyerang	[mənjeraŋ]
picchiare (vt)	memukul	[memukul]
malmenare (picchiare)	memukuli	[memukuli]
sottrarre (vt)	merebut	[merebut]
accoltellare a morte	menikam mati	[mənikam mati]
mutilare (vt)	mencederai	[məntʃederaj]
ferire (vt)	melukai	[melukaj]

ricatto (m)	pemerasan	[pemerasan]
ricattare (vt)	memeras	[memeras]
ricattatore (m)	pemeras	[pemeras]

estorsione (f)	pemerasan	[pemerasan]
estortore (m)	pemeras	[pemeras]
gangster (m)	gangster, preman	[gaŋster], [preman]
mafia (f)	mafia	[mafia]

borseggiatore (m)	pencopet	[pentʃopet]
scassinatore (m)	perampok	[perampoʔ]
contrabbando (m)	penyelundupan	[penjelundupan]
contrabbandiere (m)	penyelundup	[penjelundup]

falsificazione (f)	pemalsuan	[pemalsuan]
falsificare (vt)	memalsukan	[memalsukan]
falso, falsificato (agg)	palsu	[palsu]

161. Infrangere la legge. Criminali. Parte 2

stupro (m)	pemerkosaan	[pemerkosa'an]
stuprare (vt)	memerkosa	[memerkosa]
stupratore (m)	pemerkosa	[pemerkosa]
maniaco (m)	maniak	[mania']

prostituta (f)	pelacur	[pelatʃur]
prostituzione (f)	pelacuran	[pelatʃuran]
magnaccia (m)	germo	[germo]

| drogato (m) | pecandu narkoba | [petʃandu narkoba] |
| trafficante (m) di droga | pengedar narkoba | [peŋedar narkoba] |

far esplodere	meledakkan	[meleda'kan]
esplosione (f)	ledakan	[ledakan]
incendiare (vt)	membakar	[membakar]
incendiario (m)	pelaku pembakaran	[pelaku pembakaran]

terrorismo (m)	terorisme	[tərorisme]
terrorista (m)	teroris	[təroris]
ostaggio (m)	sandera	[sandera]

imbrogliare (vt)	menipu	[mənipu]
imbroglio (m)	penipuan	[penipuan]
imbroglione (m)	penipu	[penipu]

corrompere (vt)	menyuap	[mənyuap]
corruzione (f)	penyuapan	[penyuapan]
bustarella (f)	uang suap, suapan	[uaŋ suap], [suapan]

veleno (m)	racun	[ratʃun]
avvelenare (vt)	meracuni	[meratʃuni]
avvelenarsi (vr)	meracuni diri sendiri	[meratʃuni diri sendiri]

| suicidio (m) | bunuh diri | [bunuh diri] |
| suicida (m) | pelaku bunuh diri | [pelaku bunuh diri] |

minacciare (vt)	mengancam	[məŋantʃam]
minaccia (f)	ancaman	[antʃaman]
attentare (vi)	melakukan percobaan pembunuhan	[melakukan pərtʃoba'an pembunuhan]
attentato (m)	percobaan pembunuhan	[pərtʃoba'an pembunuhan]

| rubare (~ una macchina) | mencuri | [məntʃuri] |
| dirottare (~ un aereo) | membajak | [membadʒia'] |

| vendetta (f) | dendam | [dendam] |
| vendicare (vt) | membalas dendam | [membalas dendam] |

torturare (vt)	menyiksa	[mənjiksa]
tortura (f)	siksaan	[siksa'an]
maltrattare (vt)	menyiksa	[mənjiksa]
pirata (m)	bajak laut	[badʒia' laut]
teppista (m)	berandal	[bərandal]

armato (agg)	bersenjata	[bərsendʒ¦ata]
violenza (f)	kekerasan	[kekerasan]
illegale (agg)	ilegal	[ilegal]

| spionaggio (m) | spionase | [spionase] |
| spiare (vi) | memata-matai | [memata-mataj] |

162. Polizia. Legge. Parte 1

| giustizia (f) | keadilan | [keadilan] |
| tribunale (m) | pengadilan | [peŋadilan] |

giudice (m)	hakim	[hakim]
giurati (m)	anggota juri	[aŋgota dʒ¦uri]
processo (m) con giuria	pengadilan juri	[peŋadilan dʒ¦uri]
giudicare (vt)	mengadili	[məŋadili]

avvocato (m)	advokat, pengacara	[advokat], [peŋatʃara]
imputato (m)	terdakwa	[tərdakwa]
banco (m) degli imputati	bangku terdakwa	[baŋku tərdakwa]

| accusa (f) | tuduhan | [tuduhan] |
| accusato (m) | terdakwa | [tərdakwa] |

| condanna (f) | hukuman | [hukuman] |
| condannare (vt) | menjatuhkan hukuman | [mənʤ¦atuhkan hukuman] |

colpevole (m)	bersalah	[bərsalah]
punire (vt)	menghukum	[məŋhukum]
punizione (f)	hukuman	[hukuman]

multa (f), ammenda (f)	denda	[denda]
ergastolo (m)	penjara seumur hidup	[pendʒ¦ara seumur hidup]
pena (f) di morte	hukuman mati	[hukuman mati]
sedia (f) elettrica	kursi listrik	[kursi listri²]
impiccagione (f)	tiang gantungan	[tiaŋ gantuŋan]

| giustiziare (vt) | menjalankan hukuman mati | [mənʤ¦alankan hukuman mati] |
| esecuzione (f) | hukuman mati | [hukuman mati] |

| prigione (f) | penjara | [pendʒ¦ara] |
| cella (f) | sel | [sel] |

scorta (f)	pengawal	[peŋawal]
guardia (f) carceraria	sipir, penjaga penjara	[sipir], [pendʒ¦aga pendʒ¦ara]
prigioniero (m)	tahanan	[tahanan]

| manette (f pl) | borgol | [borgol] |
| mettere le manette | memborgol | [memborgol] |

fuga (f)	pelarian	[pelarian]
fuggire (vi)	melarikan diri	[melarikan diri]
scomparire (vi)	menghilang	[məŋhilaŋ]

| liberare (vt) | membebaskan | [membebaskan] |
| amnistia (f) | amnesti | [amnesti] |

polizia (f)	polisi, kepolisian	[polisi], [kepolisian]
poliziotto (m)	polisi	[polisi]
commissariato (m)	kantor polisi	[kantor polisi]
manganello (m)	pentungan karet	[pentuŋan karet]
altoparlante (m)	pengeras suara	[peŋeras suara]

macchina (f) di pattuglia	mobil patroli	[mobil patroli]
sirena (f)	sirene	[sirene]
mettere la sirena	membunyikan sirene	[membunjikan sirene]
suono (m) della sirena	suara sirene	[suara sirene]

luogo (m) del crimine	tempat kejadian perkara	[tempat kedʒadian pərkara]
testimone (m)	saksi	[saksi]
libertà (f)	kebebasan	[kebebasan]
complice (m)	kaki tangan	[kaki taŋan]
fuggire (vi)	melarikan diri	[melarikan diri]
traccia (f)	jejak	[dʒˈedʒˈaʔ]

163. Polizia. Legge. Parte 2

ricerca (f) (~ di un criminale)	pencarian	[pentʃarian]
cercare (vt)	mencari ...	[məntʃari ...]
sospetto (m)	kecurigaan	[ketʃurigaʔan]
sospetto (agg)	mencurigakan	[məntʃurigakan]
fermare (vt)	menghentikan	[məŋhentikan]
arrestare (qn)	menahan	[mənahan]

causa (f)	kasus, perkara	[kasus], [pərkara]
inchiesta (f)	investigasi, penyidikan	[investigasi], [penjidikan]
detective (m)	detektif	[detektif]
investigatore (m)	penyidik	[penjidiʔ]
versione (f)	hipotesis	[hipotesis]

movente (m)	motif	[motif]
interrogatorio (m)	interogasi	[interogasi]
interrogare (sospetto)	menginterogasi	[məŋinterogasi]
interrogare (vicini)	menanyai	[mənanjaj]
controllo (m) (~ di polizia)	pemeriksaan	[pemeriksaʔan]

retata (f)	razia	[razia]
perquisizione (f)	penggeledahan	[peŋgeledahan]
inseguimento (m)	pengejaran, perburuan	[peŋedʒˈaran], [pərburuan]
inseguire (vt)	mengejar	[məŋedʒˈar]
essere sulle tracce	melacak	[melatʃaʔ]

arresto (m)	penahanan	[penahanan]
arrestare (qn)	menahan	[mənahan]
catturare (~ un ladro)	menangkap	[mənaŋkap]
cattura (f)	penangkapan	[penaŋkapan]
documento (m)	dokumen	[dokumen]
prova (f), reperto (m)	bukti	[bukti]

provare (vt)	**membuktikan**	[membuktikan]
impronta (f) del piede	**jejak**	[dʒʲedʒʲaʔ]
impronte (f pl) digitali	**sidik jari**	[sidiʔ dʒʲari]
elemento (m) di prova	**barang bukti**	[baraŋ bukti]
alibi (m)	**alibi**	[alibi]
innocente (agg)	**tidak bersalah**	[tidaʔ bərsalah]
ingiustizia (f)	**ketidakadilan**	[ketidakadilan]
ingiusto (agg)	**tidak adil**	[tidaʔ adil]
criminale (agg)	**pidana**	[pidana]
confiscare (vt)	**menyita**	[mənjita]
droga (f)	**narkoba**	[narkoba]
armi (f pl)	**senjata**	[sendʒʲata]
disarmare (vt)	**melucuti**	[melutʃuti]
ordinare (vt)	**memerintahkan**	[memerintahkan]
sparire (vi)	**menghilang**	[mənhilaŋ]
legge (f)	**hukum**	[hukum]
legale (agg)	**sah**	[sah]
illegale (agg)	**tidak sah**	[tidaʔ sah]
responsabilità (f)	**tanggung jawab**	[taŋguŋ dʒʲawab]
responsabile (agg)	**bertanggung jawab**	[bərtaŋguŋ dʒʲawab]

LA NATURA

La Terra. Parte 1

164. L'Universo

cosmo (m)	angkasa	[aŋkasa]
cosmico, spaziale (agg)	angkasa	[aŋkasa]
spazio (m) cosmico	ruang angkasa	[ruaŋ aŋkasa]
mondo (m)	dunia	[dunia]
universo (m)	jagat raya	[dʒˈagat raja]
galassia (f)	galaksi	[galaksi]
stella (f)	bintang	[bintaŋ]
costellazione (f)	gugusan bintang	[gugusan bintaŋ]
pianeta (m)	planet	[planet]
satellite (m)	satelit	[satelit]
meteorite (m)	meteorit	[meteorit]
cometa (f)	komet	[komet]
asteroide (m)	asteroid	[asteroid]
orbita (f)	orbit	[orbit]
ruotare (vi)	berputar	[bərputar]
atmosfera (f)	atmosfer	[atmosfer]
il Sole	matahari	[matahari]
sistema (m) solare	tata surya	[tata surja]
eclisse (f) solare	gerhana matahari	[gerhana matahari]
la Terra	Bumi	[bumi]
la Luna	Bulan	[bulan]
Marte (m)	Mars	[mars]
Venere (f)	Venus	[venus]
Giove (m)	Yupiter	[yupiter]
Saturno (m)	Saturnus	[saturnus]
Mercurio (m)	Merkurius	[merkurius]
Urano (m)	Uranus	[uranus]
Nettuno (m)	Neptunus	[neptunus]
Plutone (m)	Pluto	[pluto]
Via (f) Lattea	Bimasakti	[bimasakti]
Orsa (f) Maggiore	Ursa Major	[ursa madʒor]
Stella (f) Polare	Bintang Utara	[bintaŋ utara]
marziano (m)	makhluk Mars	[mahlu' mars]
extraterrestre (m)	makhluk ruang angkasa	[mahlu' ruaŋ aŋkasa]

alieno (m)	alien, makhluk asing	[alien], [mahluʾ asiŋ]
disco (m) volante	piring terbang	[piriŋ tərbaŋ]
nave (f) spaziale	kapal antariksa	[kapal antariksa]
stazione (f) spaziale	stasiun antariksa	[stasiun antariksa]
lancio (m)	peluncuran	[pelunʧuran]
motore (m)	mesin	[mesin]
ugello (m)	nosel	[nosel]
combustibile (m)	bahan bakar	[bahan bakar]
cabina (f) di pilotaggio	kokpit	[kokpit]
antenna (f)	antena	[antena]
oblò (m)	jendela	[dʒɪendela]
batteria (f) solare	sel surya	[sel surja]
scafandro (m)	pakaian antariksa	[pakajan antariksa]
imponderabilità (f)	keadaan tanpa bobot	[keadaʾan tanpa bobot]
ossigeno (m)	oksigen	[oksigen]
aggancio (m)	penggabungan	[peŋgabuŋan]
agganciarsi (vr)	bergabung	[bərgabuŋ]
osservatorio (m)	observatorium	[observatorium]
telescopio (m)	teleskop	[teleskop]
osservare (vt)	mengamati	[məŋamati]
esplorare (vt)	mengeksplorasi	[məŋeksplorasi]

165. La Terra

la Terra	Bumi	[bumi]
globo (m) terrestre	bola Bumi	[bola bumi]
pianeta (m)	planet	[planet]
atmosfera (f)	atmosfer	[atmosfer]
geografia (f)	geografi	[geografi]
natura (f)	alam	[alam]
mappamondo (m)	globe	[globe]
carta (f) geografica	peta	[peta]
atlante (m)	atlas	[atlas]
Europa (f)	Eropa	[eropa]
Asia (f)	Asia	[asia]
Africa (f)	Afrika	[afrika]
Australia (f)	Australia	[australia]
America (f)	Amerika	[amerika]
America (f) del Nord	Amerika Utara	[amerika utara]
America (f) del Sud	Amerika Selatan	[amerika selatan]
Antartide (f)	Antartika	[antartika]
Artico (m)	Arktika	[arktika]

166. Punti cardinali

nord (m)	utara	[utara]
a nord	ke utara	[ke utara]
al nord	di utara	[di utara]
del nord (agg)	utara	[utara]
sud (m)	selatan	[selatan]
a sud	ke selatan	[ke selatan]
al sud	di selatan	[di selatan]
del sud (agg)	selatan	[selatan]
ovest (m)	barat	[barat]
a ovest	ke barat	[ke barat]
all'ovest	di barat	[di barat]
dell'ovest, occidentale	barat	[barat]
est (m)	timur	[timur]
a est	ke timur	[ke timur]
all'est	di timur	[di timur]
dell'est, orientale	timur	[timur]

167. Mare. Oceano

mare (m)	laut	[laut]
oceano (m)	samudra	[samudra]
golfo (m)	teluk	[telu']
stretto (m)	selat	[selat]
terra (f) (terra firma)	daratan	[daratan]
continente (m)	benua	[benua]
isola (f)	pulau	[pulau]
penisola (f)	semenanjung, jazirah	[semenandʒˈuŋ], [dʒˈazirah]
arcipelago (m)	kepulauan	[kepulauan]
baia (f)	teluk	[telu']
porto (m)	pelabuhan	[pelabuhan]
laguna (f)	laguna	[laguna]
capo (m)	tanjung	[tandʒˈuŋ]
atollo (m)	pulau karang	[pulau karaŋ]
scogliera (f)	terumbu	[tərumbu]
corallo (m)	karang	[karaŋ]
barriera (f) corallina	terumbu karang	[tərumbu karaŋ]
profondo (agg)	dalam	[dalam]
profondità (f)	kedalaman	[kedalaman]
abisso (m)	jurang	[dʒˈuraŋ]
fossa (f) (~ delle Marianne)	palung	[paluŋ]
corrente (f)	arus	[arus]
circondare (vt)	berbatasan dengan	[bərbatasan deŋan]

litorale (m)	**pantai**	[pantaj]
costa (f)	**pantai**	[pantaj]
alta marea (f)	**air pasang**	[air pasaŋ]
bassa marea (f)	**air surut**	[air surut]
banco (m) di sabbia	**beting**	[betiŋ]
fondo (m)	**dasar**	[dasar]
onda (f)	**gelombang**	[gelombaŋ]
cresta (f) dell'onda	**puncak gelombang**	[puntʃaʔ gelombaŋ]
schiuma (f)	**busa, buih**	[busa], [buih]
tempesta (f)	**badai**	[badaj]
uragano (m)	**topan**	[topan]
tsunami (m)	**tsunami**	[tsunami]
bonaccia (f)	**angin tenang**	[aŋin tenaŋ]
tranquillo (agg)	**tenang**	[tenaŋ]
polo (m)	**kutub**	[kutub]
polare (agg)	**kutub**	[kutub]
latitudine (f)	**lintang**	[lintaŋ]
longitudine (f)	**garis bujur**	[garis budʒʲur]
parallelo (m)	**sejajar**	[sedʒʲadʒʲar]
equatore (m)	**khatulistiwa**	[hatulistiwa]
cielo (m)	**langit**	[laŋit]
orizzonte (m)	**horizon**	[horizon]
aria (f)	**udara**	[udara]
faro (m)	**mercusuar**	[mertʃusuar]
tuffarsi (vr)	**menyelam**	[mənjelam]
affondare (andare a fondo)	**karam**	[karam]
tesori (m)	**harta karun**	[harta karun]

168. Montagne

monte (m), montagna (f)	**gunung**	[gunuŋ]
catena (f) montuosa	**jajaran gunung**	[dʒʲadʒʲaran gunuŋ]
crinale (m)	**sisir gunung**	[sisir gunuŋ]
cima (f)	**puncak**	[puntʃaʔ]
picco (m)	**puncak**	[puntʃaʔ]
piedi (m pl)	**kaki**	[kaki]
pendio (m)	**lereng**	[lereŋ]
vulcano (m)	**gunung api**	[gunuŋ api]
vulcano (m) attivo	**gunung api yang aktif**	[gunuŋ api yaŋ aktif]
vulcano (m) inattivo	**gunung api yang tidak aktif**	[gunuŋ api yaŋ tidaʔ aktif]
eruzione (f)	**erupsi, letusan**	[erupsi], [letusan]
cratere (m)	**kawah**	[kawah]
magma (m)	**magma**	[magma]
lava (f)	**lava, lahar**	[lava], [lahar]

fuso (lava ~a)	pijar	[piʤʲar]
canyon (m)	kanyon	[kanjon]
gola (f)	jurang	[ʤʲuraŋ]
crepaccio (m)	celah	[ʧelah]
precipizio (m)	jurang	[ʤʲuraŋ]

passo (m), valico (m)	pass, celah	[pass], [ʧelah]
altopiano (m)	plato, dataran tinggi	[plato], [dataran tiŋgi]
falesia (f)	tebing	[tebiŋ]
collina (f)	bukit	[bukit]

ghiacciaio (m)	gletser	[gletser]
cascata (f)	air terjun	[air tərʤʲun]
geyser (m)	geiser	[geyser]
lago (m)	danau	[danau]

pianura (f)	dataran	[dataran]
paesaggio (m)	landskap	[landskap]
eco (f)	gema	[gema]

alpinista (m)	pendaki gunung	[pendaki gunuŋ]
scalatore (m)	pemanjat tebing	[pemanʤʲat tebiŋ]
conquistare (~ una cima)	menaklukkan	[mənakluˀkan]
scalata (f)	pendakian	[pendakian]

169. Fiumi

fiume (m)	sungai	[suŋaj]
fonte (f) (sorgente)	mata air	[mata air]
letto (m) (~ del fiume)	badan sungai	[badan suŋaj]
bacino (m)	basin	[basin]
sfociare nel ...	mengalir ke ...	[məŋalir ke ...]

| affluente (m) | anak sungai | [anaˀ suŋaj] |
| riva (f) | tebing sungai | [tebiŋ suŋaj] |

corrente (f)	arus	[arus]
a valle	ke hilir	[ke hilir]
a monte	ke hulu	[ke hulu]

inondazione (f)	banjir	[banʤir]
piena (f)	banjir	[banʤir]
straripare (vi)	membanjiri	[membanʤiri]
inondare (vt)	membanjiri	[membanʤiri]

| secca (f) | beting | [betiŋ] |
| rapida (f) | jeram | [ʤʲeram] |

diga (f)	dam, bendungan	[dam], [benduŋan]
canale (m)	kanal, terusan	[kanal], [tərusan]
bacino (m) di riserva	waduk	[waduˀ]
chiusa (f)	pintu air	[pintu air]
specchio (m) d'acqua	kolam	[kolam]
palude (f)	rawa	[rawa]

pantano (m)	bencah, paya	[bentʃah], [paja]
vortice (m)	pusaran air	[pusaran air]
ruscello (m)	selokan	[selokan]
potabile (agg)	minum	[minum]
dolce (di acqua ~)	tawar	[tawar]
ghiaccio (m)	es	[es]
ghiacciarsi (vr)	membeku	[membeku]

170. Foresta

foresta (f)	hutan	[hutan]
forestale (agg)	hutan	[hutan]
foresta (f) fitta	hutan lebat	[hutan lebat]
boschetto (m)	hutan kecil	[hutan ketʃil]
radura (f)	pembukaan hutan	[pembuka'an hutan]
roveto (m)	semak belukar	[sema' belukar]
boscaglia (f)	belukar	[belukar]
sentiero (m)	jalan setapak	[dʒ'alan setapa']
calanco (m)	parit	[parit]
albero (m)	pohon	[pohon]
foglia (f)	daun	[daun]
fogliame (m)	daun-daunan	[daun-daunan]
caduta (f) delle foglie	daun berguguran	[daun berguguran]
cadere (vi)	luruh	[luruh]
cima (f)	puncak	[puntʃa']
ramo (m), ramoscello (m)	cabang	[tʃabaŋ]
ramo (m)	dahan	[dahan]
gemma (f)	tunas	[tunas]
ago (m)	daun jarum	[daun dʒ'arum]
pigna (f)	buah pinus	[buah pinus]
cavità (f)	lubang pohon	[lubaŋ pohon]
nido (m)	sarang	[saraŋ]
tana (f) (del fox, ecc.)	lubang	[lubaŋ]
tronco (m)	batang	[bataŋ]
radice (f)	akar	[akar]
corteccia (f)	kulit	[kulit]
musco (m)	lumut	[lumut]
sradicare (vt)	mencabut	[mentʃabut]
abbattere (~ un albero)	menebang	[menebaŋ]
disboscare (vt)	deforestasi, penggundulan hutan	[deforestasi], [peŋgundulan hutan]
ceppo (m)	tunggul	[tuŋgul]
falò (m)	api unggun	[api uŋgun]

| incendio (m) boschivo | kebakaran hutan | [kebakaran hutan] |
| spegnere (vt) | memadamkan | [memadamkan] |

guardia (f) forestale	penjaga hutan	[pendʒ'aga hutan]
protezione (f)	perlindungan	[pərlinduŋan]
proteggere (~ la natura)	melindungi	[melinduŋi]
bracconiere (m)	pemburu ilegal	[pemburu ilegal]
tagliola (f) (~ per orsi)	perangkap	[pəraŋkap]

| raccogliere (vt) | memetik | [memetiʔ] |
| perdersi (vr) | tersesat | [tərsesat] |

171. Risorse naturali

risorse (f pl) naturali	sumber daya alam	[sumber daja alam]
minerali (m pl)	bahan tambang	[bahan tambaŋ]
deposito (m) (~ di carbone)	endapan	[endapan]
giacimento (m) (~ petrolifero)	ladang	[ladaŋ]

estrarre (vt)	menambang	[mənambaŋ]
estrazione (f)	pertambangan	[pərtambaŋan]
minerale (m) grezzo	bijih	[bidʒih]
miniera (f)	tambang	[tambaŋ]
pozzo (m) di miniera	sumur tambang	[sumur tambaŋ]
minatore (m)	penambang	[penambaŋ]

| gas (m) | gas | [gas] |
| gasdotto (m) | pipa saluran gas | [pipa saluran gas] |

petrolio (m)	petroleum, minyak	[petroleum], [minjaʔ]
oleodotto (m)	pipa saluran minyak	[pipa saluran minjaʔ]
torre (f) di estrazione	sumur minyak	[sumur minjaʔ]
torre (f) di trivellazione	menara bor minyak	[mənara bor minjaʔ]
petroliera (f)	kapal tangki	[kapal taŋki]

sabbia (f)	pasir	[pasir]
calcare (m)	batu kapur	[batu kapur]
ghiaia (f)	kerikil	[kerikil]
torba (f)	gambut	[gambut]
argilla (f)	tanah liat	[tanah liat]
carbone (m)	arang	[araŋ]

ferro (m)	besi	[besi]
oro (m)	emas	[emas]
argento (m)	perak	[peraʔ]
nichel (m)	nikel	[nikel]
rame (m)	tembaga	[tembaga]

zinco (m)	seng	[seŋ]
manganese (m)	mangan	[maŋan]
mercurio (m)	air raksa	[air raksa]
piombo (m)	timbal	[timbal]
minerale (m)	mineral	[mineral]
cristallo (m)	kristal, hablur	[kristal], [hablur]

marmo (m)	**marmer**	[marmer]
uranio (m)	**uranium**	[uranium]

La Terra. Parte 2

172. Tempo

tempo (m)	cuaca	[ʧuaʧa]
previsione (f) del tempo	prakiraan cuaca	[prakiraʔan ʧuaʧa]
temperatura (f)	temperatur, suhu	[temperatur], [suhu]
termometro (m)	termometer	[tərmometər]
barometro (m)	barometer	[barometer]
umido (agg)	lembap	[lembap]
umidità (f)	kelembapan	[kelembapan]
caldo (m), afa (f)	panas, gerah	[panas], [gerah]
molto caldo (agg)	panas terik	[panas təriʔ]
fa molto caldo	panas	[panas]
fa caldo	hangat	[haŋat]
caldo, mite (agg)	hangat	[haŋat]
fa freddo	dingin	[diŋin]
freddo (agg)	dingin	[diŋin]
sole (m)	matahari	[matahari]
splendere (vi)	bersinar	[bərsinar]
di sole (una giornata ~)	cerah	[ʧerah]
sorgere, levarsi (vr)	terbit	[terbit]
tramontare (vi)	terbenam	[tərbenam]
nuvola (f)	awan	[awan]
nuvoloso (agg)	berawan	[bərawan]
nube (f) di pioggia	awan mendung	[awan menduŋ]
nuvoloso (agg)	mendung	[menduŋ]
pioggia (f)	hujan	[huʤian]
piove	hujan turun	[huʤian turun]
piovoso (agg)	hujan	[huʤian]
piovigginare (vi)	gerimis	[gerimis]
pioggia (f) torrenziale	hujan lebat	[huʤian lebat]
acquazzone (m)	hujan lebat	[huʤian lebat]
forte (una ~ pioggia)	lebat	[lebat]
pozzanghera (f)	kubangan	[kubaŋan]
bagnarsi (~ sotto la pioggia)	kehujanan	[kehuʤianan]
foschia (f), nebbia (f)	kabut	[kabut]
nebbioso (agg)	berkabut	[bərkabut]
neve (f)	salju	[salʤiu]
nevica	turun salju	[turun salʤiu]

173. Rigide condizioni metereologiche. Disastri naturali

temporale (m)	hujan badai	[hudʒ'an badaj]
fulmine (f)	kilat	[kilat]
lampeggiare (vi)	berkilau	[bərkilau]
tuono (m)	petir	[petir]
tuonare (vi)	bergemuruh	[bərgemuruh]
tuona	bergemuruh	[bərgemuruh]
grandine (f)	hujan es	[hudʒ'an es]
grandina	hujan es	[hudʒ'an es]
inondare (vt)	membanjiri	[membandʒiri]
inondazione (f)	banjir	[bandʒir]
terremoto (m)	gempa bumi	[gempa bumi]
scossa (f)	gempa	[gempa]
epicentro (m)	episentrum	[episentrum]
eruzione (f)	erupsi, letusan	[erupsi], [letusan]
lava (f)	lava, lahar	[lava], [lahar]
tromba (f) d'aria	puting beliung	[putiŋ beliuŋ]
tornado (m)	tornado	[tornado]
tifone (m)	topan	[topan]
uragano (m)	topan	[topan]
tempesta (f)	badai	[badaj]
tsunami (m)	tsunami	[tsunami]
ciclone (m)	siklon	[siklon]
maltempo (m)	cuaca buruk	[tʃuatʃa buru']
incendio (m)	kebakaran	[kebakaran]
disastro (m)	bencana	[bentʃana]
meteorite (m)	meteorit	[meteorit]
valanga (f)	longsor	[loŋsor]
slavina (f)	salju longsor	[saldʒ'u loŋsor]
tempesta (f) di neve	badai salju	[badaj saldʒ'u]
bufera (f) di neve	badai salju	[badaj saldʒ'u]

Fauna

174. Mammiferi. Predatori

predatore (m)	predator, pemangsa	[predator], [pemaŋsa]
tigre (f)	harimau	[harimau]
leone (m)	singa	[siŋa]
lupo (m)	serigala	[serigala]
volpe (m)	rubah	[rubah]
giaguaro (m)	jaguar	[dʒ'aguar]
leopardo (m)	leopard, macan tutul	[leopard], [matʃan tutul]
ghepardo (m)	cheetah	[tʃeetah]
pantera (f)	harimau kumbang	[harimau kumbaŋ]
puma (f)	singa gunung	[siŋa gunuŋ]
leopardo (m) delle nevi	harimau bintang salju	[harimau bintaŋ saldʒ'u]
lince (f)	lynx	[links]
coyote (m)	koyote	[koyot]
sciacallo (m)	jakal	[dʒ'akal]
iena (f)	hiena	[hiena]

175. Animali selvatici

animale (m)	binatang	[binataŋ]
bestia (f)	binatang buas	[binataŋ buas]
scoiattolo (m)	bajing	[badʒiŋ]
riccio (m)	landak susu	[landa' susu]
lepre (f)	terwelu	[tərwelu]
coniglio (m)	kelinci	[kelintʃi]
tasso (m)	luak	[lua']
procione (f)	rakun	[rakun]
criceto (m)	hamster	[hamster]
marmotta (f)	marmut	[marmut]
talpa (f)	tikus mondok	[tikus mondo']
topo (m)	tikus	[tikus]
ratto (m)	tikus besar	[tikus besar]
pipistrello (m)	kelelawar	[kelelawar]
ermellino (m)	ermin	[ermin]
zibellino (m)	sabel	[sabel]
martora (f)	marten	[marten]
donnola (f)	musang	[musaŋ]
visone (m)	cerpelai	[tʃerpelaj]

| castoro (m) | beaver | [beaver] |
| lontra (f) | berang-berang | [bəraŋ-bəraŋ] |

cavallo (m)	kuda	[kuda]
alce (m)	rusa besar	[rusa besar]
cervo (m)	rusa	[rusa]
cammello (m)	unta	[unta]

bisonte (m) americano	bison	[bison]
bisonte (m) europeo	aurochs	[oroks]
bufalo (m)	kerbau	[kerbau]

zebra (f)	kuda belang	[kuda belaŋ]
antilope (f)	antelop	[antelop]
capriolo (m)	kijang	[kidʒʲaŋ]
daino (m)	rusa	[rusa]
camoscio (m)	chamois	[ʃemva]
cinghiale (m)	babi hutan jantan	[babi hutan dʒʲantan]

balena (f)	ikan paus	[ikan paus]
foca (f)	anjing laut	[andʒiŋ laut]
tricheco (m)	walrus	[walrus]
otaria (f)	anjing laut berbulu	[andʒiŋ laut bərbulu]
delfino (m)	lumba-lumba	[lumba-lumba]

orso (m)	beruang	[bəruaŋ]
orso (m) bianco	beruang kutub	[bəruaŋ kutub]
panda (m)	panda	[panda]

scimmia (f)	monyet	[monjet]
scimpanzè (m)	simpanse	[simpanse]
orango (m)	orang utan	[oraŋ utan]
gorilla (m)	gorila	[gorila]
macaco (m)	kera	[kera]
gibbone (m)	siamang, ungka	[siamaŋ], [uŋka]

elefante (m)	gajah	[gadʒʲah]
rinoceronte (m)	badak	[badaʔ]
giraffa (f)	jerapah	[dʒʲerapah]
ippopotamo (m)	kuda nil	[kuda nil]

| canguro (m) | kanguru | [kaŋuru] |
| koala (m) | koala | [koala] |

mangusta (f)	garangan	[garaŋan]
cincillà (f)	chinchilla	[tʃintʃilla]
moffetta (f)	sigung	[siguŋ]
istrice (m)	landak	[landaʔ]

176. Animali domestici

gatta (f)	kucing betina	[kutʃiŋ betina]
gatto (m)	kucing jantan	[kutʃiŋ dʒʲantan]
cane (m)	anjing	[andʒiŋ]

cavallo (m)	kuda	[kuda]
stallone (m)	kuda jantan	[kuda dʒʲantan]
giumenta (f)	kuda betina	[kuda betina]

mucca (f)	sapi	[sapi]
toro (m)	sapi jantan	[sapi dʒʲantan]
bue (m)	lembu jantan	[lembu dʒʲantan]

pecora (f)	domba	[domba]
montone (m)	domba jantan	[domba dʒʲantan]
capra (f)	kambing betina	[kambiŋ betina]
caprone (m)	kambing jantan	[kambiŋ dʒʲantan]

| asino (m) | keledai | [keledaj] |
| mulo (m) | bagal | [bagal] |

porco (m)	babi	[babi]
porcellino (m)	anak babi	[ana' babi]
coniglio (m)	kelinci	[kelintʃi]

| gallina (f) | ayam betina | [ajam betina] |
| gallo (m) | ayam jago | [ajam dʒʲago] |

anatra (f)	bebek	[bebe']
maschio (m) dell'anatra	bebek jantan	[bebe' dʒʲantan]
oca (f)	angsa	[aŋsa]

| tacchino (m) | kalkun jantan | [kalkun dʒʲantan] |
| tacchina (f) | kalkun betina | [kalkun betina] |

animali (m pl) domestici	binatang piaraan	[binataŋ piara'an]
addomesticato (agg)	jinak	[dʒina']
addomesticare (vt)	menjinakkan	[məndʒina'kan]
allevare (vt)	membiakkan	[membia'kan]

fattoria (f)	peternakan	[peternakan]
pollame (m)	unggas	[uŋgas]
bestiame (m)	ternak	[terna']
branco (m), mandria (f)	kawanan	[kawanan]

scuderia (f)	kandang kuda	[kandaŋ kuda]
porcile (m)	kandang babi	[kandaŋ babi]
stalla (f)	kandang sapi	[kandaŋ sapi]
conigliera (f)	sangkar kelinci	[saŋkar kelintʃi]
pollaio (m)	kandang ayam	[kandaŋ ajam]

177. Cani. Razze canine

cane (m)	anjing	[andʒiŋ]
cane (m) da pastore	anjing gembala	[andʒiŋ gembala]
pastore (m) tedesco	anjing gembala jerman	[andʒiŋ gembala dʒʲerman]
barbone (m)	pudel	[pudel]
bassotto (m)	anjing tekel	[andʒiŋ tekel]
bulldog (m)	buldog	[buldog]

boxer (m)	boxer	[bokser]
mastino (m)	Mastiff	[mastiff]
rottweiler (m)	Rottweiler	[rotweyler]
dobermann (m)	Doberman	[doberman]
bassotto (m)	Basset	[basset]
bobtail (m)	bobtail	[bobteyl]
dalmata (m)	Dalmatian	[dalmatian]
cocker (m)	Cocker Spaniel	[koker spaniel]
terranova (m)	Newfoundland	[njufaundland]
sanbernardo (m)	Saint Bernard	[sen bərnar]
husky (m)	Husky	[haski]
chow chow (m)	Chow Chow	[tʃau tʃau]
volpino (m)	Spitz	[spits]
carlino (m)	Pug	[pag]

178. Versi emessi dagli animali

abbaiamento (m)	salak	[salaʔ]
abbaiare (vi)	menyalak	[mənjalaʔ]
miagolare (vi)	mengeong	[məŋeoŋ]
fare le fusa	mendengkur	[məndeŋkur]
muggire (vacca)	melenguh	[meleŋuh]
muggire (toro)	menguak	[meŋuaʔ]
ringhiare (vi)	menggeram	[məŋgeram]
ululato (m)	auman	[auman]
ululare (vi)	mengaum	[məŋaum]
guaire (vi)	merengek	[mereŋeʔ]
belare (pecora)	mengembik	[məŋembiʔ]
grugnire (maiale)	menguik	[meŋuiʔ]
squittire (vi)	memekik	[memekiʔ]
gracidare (rana)	berdengkang	[bərdeŋkaŋ]
ronzare (insetto)	mendengung	[məndeŋuŋ]
frinire (vi)	mencicit	[məntʃitʃit]

179. Uccelli

uccello (m)	burung	[buruŋ]
colombo (m), piccione (m)	burung dara	[buruŋ dara]
passero (m)	burung gereja	[buruŋ geredʒ'a]
cincia (f)	burung tit	[buruŋ tit]
gazza (f)	burung murai	[buruŋ muraj]
corvo (m)	burung raven	[buruŋ raven]
cornacchia (f)	burung gagak	[buruŋ gagaʔ]
taccola (f)	burung gagak kecil	[buruŋ gagaʔ ketʃil]

corvo (m) nero	burung rook	[buruŋ roo⁷]
anatra (f)	bebek	[bebe⁷]
oca (f)	angsa	[aŋsa]
fagiano (m)	burung kuau	[buruŋ kuau]

aquila (f)	rajawali	[radʒˈawali]
astore (m)	elang	[elaŋ]
falco (m)	alap-alap	[alap-alap]

grifone (m)	hering	[heriŋ]
condor (m)	kondor	[kondor]

cigno (m)	angsa	[aŋsa]
gru (f)	burung jenjang	[buruŋ dʒˈendʒˈaŋ]
cicogna (f)	bangau	[baŋau]

pappagallo (m)	burung nuri	[buruŋ nuri]
colibrì (m)	burung kolibri	[buruŋ kolibri]
pavone (m)	burung merak	[buruŋ mera⁷]

struzzo (m)	burung unta	[buruŋ unta]
airone (m)	kuntul	[kuntul]

fenicottero (m)	burung flamingo	[buruŋ flamiŋo]
pellicano (m)	pelikan	[pelikan]

usignolo (m)	burung bulbul	[buruŋ bulbul]
rondine (f)	burung walet	[buruŋ walet]

tordo (m)	burung jalak	[buruŋ dʒˈala⁷]
tordo (m) sasello	burung jalak suren	[buruŋ dʒˈala⁷ suren]
merlo (m)	burung jalak hitam	[buruŋ dʒˈala⁷ hitam]

rondone (m)	burung apus-apus	[buruŋ apus-apus]
allodola (f)	burung lark	[buruŋ lar⁷]
quaglia (f)	burung puyuh	[buruŋ puyuh]

picchio (m)	burung pelatuk	[buruŋ pelatu⁷]
cuculo (m)	burung kukuk	[buruŋ kuku⁷]
civetta (f)	burung hantu	[buruŋ hantu]
gufo (m) reale	burung hantu bertanduk	[buruŋ hantu bərtandu⁷]
urogallo (m)	burung murai kayu	[buruŋ muraj kaju]

fagiano (m) di monte	burung belibis hitam	[buruŋ belibis hitam]
pernice (f)	ayam hutan	[ajam hutan]

storno (m)	burung starling	[buruŋ starliŋ]
canarino (m)	burung kenari	[buruŋ kenari]
francolino (m) di monte	ayam hutan hazel	[ajam hutan hazel]

fringuello (m)	burung chaffinch	[buruŋ ʧaffinʧ]
ciuffolotto (m)	burung bullfinch	[buruŋ bullfinʧ]

gabbiano (m)	burung camar	[buruŋ ʧamar]
albatro (m)	albatros	[albatros]
pinguino (m)	penguin	[peŋuin]

180. Uccelli. Cinguettio e versi

cantare (vi)	menyanyi	[mənjanji]
gridare (vi)	berteriak	[bərteria']
cantare (gallo)	berkokok	[bərkoko']
chicchirichì (m)	kukuruyuk	[kukuruyu']
chiocciare (gallina)	berkotek	[bərkote']
gracchiare (vi)	berkaok-kaok	[bərkao'-kao']
fare qua qua	meleter	[meleter]
pigolare (vi)	berdecit	[bərdetʃit]
cinguettare (vi)	berkicau	[bərkitʃau]

181. Pesci. Animali marini

abramide (f)	ikan bream	[ikan bream]
carpa (f)	ikan karper	[ikan karper]
perca (f)	ikan tilapia	[ikan tilapia]
pesce (m) gatto	lais junggang	[lajs dʒiuŋgaŋ]
luccio (m)	ikan pike	[ikan paik]
salmone (m)	salmon	[salmon]
storione (m)	ikan sturgeon	[ikan sturdʒien]
aringa (f)	ikan haring	[ikan hariŋ]
salmone (m)	ikan salem	[ikan salem]
scombro (m)	ikan kembung	[ikan kembuŋ]
sogliola (f)	ikan sebelah	[ikan sebelah]
lucioperca (f)	ikan seligi tenggeran	[ikan seligi teŋgeran]
merluzzo (m)	ikan kod	[ikan kod]
tonno (m)	tuna	[tuna]
trota (f)	ikan forel	[ikan forel]
anguilla (f)	belut	[belut]
torpedine (f)	ikan pari listrik	[ikan pari listri']
murena (f)	belut moray	[belut morey]
piranha (f)	ikan piranha	[ikan piranha]
squalo (m)	ikan hiu	[ikan hiu]
delfino (m)	lumba-lumba	[lumba-lumba]
balena (f)	ikan paus	[ikan paus]
granchio (m)	kepiting	[kepitiŋ]
medusa (f)	ubur-ubur	[ubur-ubur]
polpo (m)	gurita	[gurita]
stella (f) marina	bintang laut	[bintaŋ laut]
riccio (m) di mare	landak laut	[landa' laut]
cavalluccio (m) marino	kuda laut	[kuda laut]
ostrica (f)	tiram	[tiram]
gamberetto (m)	udang	[udaŋ]

| astice (m) | udang karang | [udaŋ karaŋ] |
| aragosta (f) | lobster berduri | [lobster bərduri] |

182. Anfibi. Rettili

| serpente (m) | ular | [ular] |
| velenoso (agg) | berbisa | [bərbisa] |

vipera (f)	ular viper	[ular viper]
cobra (m)	kobra	[kobra]
pitone (m)	ular sanca	[ular santʃa]
boa (m)	ular boa	[ular boa]

biscia (f)	ular tanah	[ular tanah]
serpente (m) a sonagli	ular derik	[ular deriʔ]
anaconda (f)	ular anakonda	[ular anakonda]

lucertola (f)	kadal	[kadal]
iguana (f)	iguana	[iguana]
varano (m)	biawak	[biawaʔ]
salamandra (f)	salamander	[salamander]
camaleonte (m)	bunglon	[buŋlon]
scorpione (m)	kalajengking	[kaladʒieŋkiŋ]

tartaruga (f)	kura-kura	[kura-kura]
rana (f)	katak	[kataʔ]
rospo (m)	kodok	[kodoʔ]
coccodrillo (m)	buaya	[buaja]

183. Insetti

insetto (m)	serangga	[seraŋga]
farfalla (f)	kupu-kupu	[kupu-kupu]
formica (f)	semut	[semut]
mosca (f)	lalat	[lalat]
zanzara (f)	nyamuk	[njamuʔ]
scarabeo (m)	kumbang	[kumbaŋ]

vespa (f)	tawon	[tawon]
ape (f)	lebah	[lebah]
bombo (m)	kumbang	[kumbaŋ]
tafano (m)	lalat kerbau	[lalat kerbau]

| ragno (m) | laba-laba | [laba-laba] |
| ragnatela (f) | sarang laba-laba | [saraŋ laba-laba] |

libellula (f)	capung	[tʃapuŋ]
cavalletta (f)	belalang	[belalaŋ]
farfalla (f) notturna	ngengat	[ŋeŋat]

| scarafaggio (m) | kecoa | [ketʃoa] |
| zecca (f) | kutu | [kutu] |

pulce (f)	kutu loncat	[kutu lontʃat]
moscerino (m)	agas	[agas]

locusta (f)	belalang	[belalaŋ]
lumaca (f)	siput	[siput]
grillo (m)	jangkrik	[dʒʲaŋkriʔ]
lucciola (f)	kunang-kunang	[kunaŋ-kunaŋ]
coccinella (f)	kumbang koksi	[kumbaŋ koksi]
maggiolino (m)	kumbang Cockchafer	[kumbaŋ kokʃafer]

sanguisuga (f)	lintah	[lintah]
bruco (m)	ulat	[ulat]
verme (m)	cacing	[tʃatʃiŋ]
larva (f)	larva	[larva]

184. Animali. Parti del corpo

becco (m)	paruh	[paruh]
ali (f pl)	sayap	[sajap]
zampa (f)	kaki	[kaki]
piumaggio (m)	bulu-bulu	[bulu-bulu]
penna (f), piuma (f)	bulu	[bulu]
cresta (f)	jambul	[dʒʲambul]

branchia (f)	insang	[insaŋ]
uova (f pl)	telur ikan	[telur ikan]
larva (f)	larva	[larva]
pinna (f)	sirip	[sirip]
squama (f)	sisik	[sisiʔ]

zanna (f)	taring	[tariŋ]
zampa (f)	kaki	[kaki]
muso (m)	moncong	[montʃoŋ]
bocca (f)	mulut	[mulut]
coda (f)	ekor	[ekor]
baffi (m pl)	kumis	[kumis]

zoccolo (m)	tapak, kuku	[tapak], [kuku]
corno (m)	tanduk	[tanduʔ]

carapace (f)	cangkang	[tʃaŋkaŋ]
conchiglia (f)	kerang	[keraŋ]
guscio (m) dell'uovo	kulit telur	[kulit telur]

pelo (m)	bulu	[bulu]
pelle (f)	kulit	[kulit]

185. Animali. Ambiente naturale

ambiente (m) naturale	habitat	[habitat]
migrazione (f)	migrasi	[migrasi]
monte (m), montagna (f)	gunung	[gunuŋ]

scogliera (f)	**terumbu**	[tərumbu]
falesia (f)	**tebing**	[tebiŋ]
foresta (f)	**hutan**	[hutan]
giungla (f)	**rimba**	[rimba]
savana (f)	**sabana**	[sabana]
tundra (f)	**tundra**	[tundra]
steppa (f)	**stepa**	[stepa]
deserto (m)	**gurun**	[gurun]
oasi (f)	**oasis, oase**	[oasis], [oase]
mare (m)	**laut**	[laut]
lago (m)	**danau**	[danau]
oceano (m)	**samudra**	[samudra]
palude (f)	**rawa**	[rawa]
di acqua dolce	**air tawar**	[air tawar]
stagno (m)	**kolam**	[kolam]
fiume (m)	**sungai**	[suŋaj]
tana (f) (dell'orso)	**goa**	[goa]
nido (m)	**sarang**	[saraŋ]
cavità (f) (~ in un albero)	**lubang pohon**	[lubaŋ pohon]
tana (f) (del fox, ecc.)	**lubang**	[lubaŋ]
formicaio (m)	**sarang semut**	[saraŋ semut]

Flora

186. Alberi

albero (m)	**pohon**	[pohon]
deciduo (agg)	**daun luruh**	[daun luruh]
conifero (agg)	**pohon jarum**	[pohon ʤʲarum]
sempreverde (agg)	**selalu hijau**	[selalu hiʤʲau]
melo (m)	**pohon apel**	[pohon apel]
pero (m)	**pohon pir**	[pohon pir]
ciliegio (m)	**pohon ceri manis**	[pohon ʧeri manis]
amareno (m)	**pohon ceri asam**	[pohon ʧeri asam]
prugno (m)	**pohon plum**	[pohon plum]
betulla (f)	**pohon berk**	[pohon bərʔ]
quercia (f)	**pohon eik**	[pohon eiʔ]
tiglio (m)	**pohon linden**	[pohon linden]
pioppo (m) tremolo	**pohon aspen**	[pohon aspen]
acero (m)	**pohon mapel**	[pohon mapel]
abete (m)	**pohon den**	[pohon den]
pino (m)	**pohon pinus**	[pohon pinus]
larice (m)	**pohon larch**	[pohon larʧ]
abete (m) bianco	**pohon fir**	[pohon fir]
cedro (m)	**pohon aras**	[pohon aras]
pioppo (m)	**pohon poplar**	[pohon poplar]
sorbo (m)	**pohon rowan**	[pohon rowan]
salice (m)	**pohon dedalu**	[pohon dedalu]
alno (m)	**pohon alder**	[pohon alder]
faggio (m)	**pohon nothofagus**	[pohon notofagus]
olmo (m)	**pohon elm**	[pohon elm]
frassino (m)	**pohon abu**	[pohon abu]
castagno (m)	**kastanye**	[kastanje]
magnolia (f)	**magnolia**	[magnolia]
palma (f)	**palem**	[palem]
cipresso (m)	**pokok cipres**	[pokoʔ sipres]
mangrovia (f)	**bakau**	[bakau]
baobab (m)	**baobab**	[baobab]
eucalipto (m)	**kayu putih**	[kaju putih]
sequoia (f)	**sequoia**	[sekuoia]

187. Arbusti

cespuglio (m)	**rumpun**	[rumpun]
arbusto (m)	**semak**	[semaʔ]

| vite (f) | pohon anggur | [pohon aŋgur] |
| vigneto (m) | kebun anggur | [kebun aŋgur] |

lampone (m)	pohon frambus	[pohon frambus]
ribes (m) nero	pohon blackcurrant	[pohon ble'karen]
ribes (m) rosso	pohon redcurrant	[pohon redkaren]
uva (f) spina	pohon arbei hijau	[pohon arbei hidʒʲau]

acacia (f)	pohon akasia	[pohon akasia]
crespino (m)	pohon barberis	[pohon barberis]
gelsomino (m)	melati	[melati]

ginepro (m)	pohon juniper	[pohon dʒʲuniper]
roseto (m)	pohon mawar	[pohon mawar]
rosa (f) canina	pohon mawar liar	[pohon mawar liar]

188. Funghi

fungo (m)	jamur	[dʒʲamur]
fungo (m) commestibile	jamur makanan	[dʒʲamur makanan]
fungo (m) velenoso	jamur beracun	[dʒʲamur bəratʃun]
cappello (m)	kepala jamur	[kepala dʒʲamur]
gambo (m)	batang jamur	[bataŋ dʒʲamur]

porcino (m)	jamur boletus	[dʒʲamur boletus]
boleto (m) rufo	jamur topi jingga	[dʒʲamur topi dʒiŋga]
porcinello (m)	jamur boletus berk	[dʒʲamur boletus bər']
gallinaccio (m)	jamur chanterelle	[dʒʲamur tʃanterelle]
rossola (f)	jamur rusula	[dʒʲamur rusula]

spugnola (f)	jamur morel	[dʒʲamur morel]
ovolaccio (m)	jamur Amanita muscaria	[dʒʲamur amanita mustʃaria]
fungo (m) moscario	jamur topi kematian	[dʒʲamur topi kematian]

189. Frutti. Bacche

| frutto (m) | buah | [buah] |
| frutti (m pl) | buah-buahan | [buah-buahan] |

mela (f)	apel	[apel]
pera (f)	pir	[pir]
prugna (f)	plum	[plum]

fragola (f)	stroberi	[stroberi]
amarena (f)	buah ceri asam	[buah tʃeri asam]
ciliegia (f)	buah ceri manis	[buah tʃeri manis]
uva (f)	buah anggur	[buah aŋgur]

lampone (m)	buah frambus	[buah frambus]
ribes (m) nero	blackcurrant	[ble'karen]
ribes (m) rosso	redcurrant	[redkaren]
uva (f) spina	buah arbei hijau	[buah arbei hidʒʲau]

mirtillo (m) di palude	buah kranberi	[buah kranberi]
arancia (f)	jeruk manis	[dʒⁱeruʔ manis]
mandarino (m)	jeruk mandarin	[dʒⁱeruʔ mandarin]
ananas (m)	nanas	[nanas]
banana (f)	pisang	[pisaŋ]
dattero (m)	buah kurma	[buah kurma]

limone (m)	jeruk sitrun	[dʒⁱeruʔ sitrun]
albicocca (f)	aprikot	[aprikot]
pesca (f)	persik	[persiʔ]
kiwi (m)	kiwi	[kiwi]
pompelmo (m)	jeruk Bali	[dʒⁱeruʔ bali]

bacca (f)	buah beri	[buah bəri]
bacche (f pl)	buah-buah beri	[buah-buah bəri]
mirtillo (m) rosso	buah cowberry	[buah kowberi]
fragola (f) di bosco	stroberi liar	[stroberi liar]
mirtillo (m)	buah bilberi	[buah bilberi]

190. Fiori. Piante

| fiore (m) | bunga | [buŋa] |
| mazzo (m) di fiori | buket | [buket] |

rosa (f)	mawar	[mawar]
tulipano (m)	tulip	[tulip]
garofano (m)	bunga anyelir	[buŋa anjelir]
gladiolo (m)	bunga gladiol	[buŋa gladiol]

fiordaliso (m)	cornflower	[kornflawa]
campanella (f)	bunga lonceng biru	[buŋa lontʃeŋ biru]
soffione (m)	dandelion	[dandelion]
camomilla (f)	bunga margrit	[buŋa margrit]

aloe (m)	lidah buaya	[lidah buaja]
cactus (m)	kaktus	[kaktus]
ficus (m)	pohon ara	[pohon ara]

giglio (m)	bunga lili	[buŋa lili]
geranio (m)	geranium	[geranium]
giacinto (m)	bunga bakung lembayung	[buŋa bakuŋ lembajuŋ]

mimosa (f)	putri malu	[putri malu]
narciso (m)	bunga narsis	[buŋa narsis]
nasturzio (m)	bunga nasturtium	[buŋa nasturtium]

orchidea (f)	anggrek	[aŋgreʔ]
peonia (f)	bunga peoni	[buŋa peoni]
viola (f)	bunga violet	[buŋa violet]

| viola (f) del pensiero | bunga pansy | [buŋa pansi] |
| nontiscordardimé (m) | bunga jangan-lupakan-daku | [buŋa dʒⁱaŋan-lupakan-daku] |

| margherita (f) | bunga desi | [buŋa desi] |

papavero (m)	bunga madat	[buŋa madat]
canapa (f)	rami	[rami]
menta (f)	mint	[min]

| mughetto (m) | lili lembah | [lili lembah] |
| bucaneve (m) | bunga tetesan salju | [buŋa tetesan saldʒʲu] |

ortica (f)	jelatang	[dʒʲelataŋ]
acetosa (f)	daun sorrel	[daun sorrel]
ninfea (f)	lili air	[lili air]
felce (f)	pakis	[pakis]
lichene (m)	lichen	[litʃen]

serra (f)	rumah kaca	[rumah katʃa]
prato (m) erboso	halaman berumput	[halaman berumput]
aiuola (f)	bedeng bunga	[bedeŋ buŋa]

pianta (f)	tumbuhan	[tumbuhan]
erba (f)	rumput	[rumput]
filo (m) d'erba	sehelai rumput	[sehelaj rumput]

foglia (f)	daun	[daun]
petalo (m)	kelopak	[kelopaʔ]
stelo (m)	batang	[bataŋ]
tubero (m)	ubi	[ubi]

| germoglio (m) | tunas | [tunas] |
| spina (f) | duri | [duri] |

fiorire (vi)	berbunga	[berbuŋa]
appassire (vi)	layu	[laju]
odore (m), profumo (m)	bau	[bau]
tagliare (~ i fiori)	memotong	[memotoŋ]
cogliere (vt)	memetik	[memetiʔ]

191. Cereali, granaglie

grano (m)	biji-bijian	[bidʒi-bidʒian]
cereali (m pl)	padi-padian	[padi-padian]
spiga (f)	bulir	[bulir]

frumento (m)	gandum	[gandum]
segale (f)	gandum hitam	[gandum hitam]
avena (f)	oat	[oat]
miglio (m)	jawawut	[dʒʲawawut]
orzo (m)	jelai	[dʒʲelaj]

mais (m)	jagung	[dʒʲaguŋ]
riso (m)	beras	[beras]
grano (m) saraceno	buckwheat	[bakvit]

pisello (m)	kacang polong	[katʃaŋ poloŋ]
fagiolo (m)	kacang buncis	[katʃaŋ buntʃis]
soia (f)	kacang kedelai	[katʃaŋ kedelaj]

| lenticchie (f pl) | kacang lentil | [katʃaŋ lentil] |
| fave (f pl) | kacang-kacangan | [katʃaŋ-katʃaŋan] |

GEOGRAFIA REGIONALE

Paesi. Nazionalità

192. Politica. Governo. Parte 1

politica (f)	politik	[politiʔ]
politico (agg)	politis	[politis]
politico (m)	politisi, politikus	[politisi], [politikus]

stato (m) (nazione, paese)	negara	[negara]
cittadino (m)	warganegara	[warganegara]
cittadinanza (f)	kewarganegaraan	[kewarganegaraʔan]

| emblema (m) nazionale | lambang negara | [lambaŋ negara] |
| inno (m) nazionale | lagu kebangsaan | [lagu kebaŋsaʔan] |

governo (m)	pemerintah	[pemerintah]
capo (m) di Stato	kepala negara	[kepala negara]
parlamento (m)	parlemen	[parlemen]
partito (m)	partai	[partaj]

| capitalismo (m) | kapitalisme | [kapitalisme] |
| capitalistico (agg) | kapitalis | [kapitalis] |

| socialismo (m) | sosialisme | [sosialisme] |
| socialista (agg) | sosialis | [sosialis] |

comunismo (m)	komunisme	[komunisme]
comunista (agg)	komunis	[komunis]
comunista (m)	orang komunis	[oraŋ komunis]

democrazia (f)	demokrasi	[demokrasi]
democratico (m)	demokrat	[demokrat]
democratico (agg)	demokratis	[demokratis]
partito (m) democratico	Partai Demokrasi	[partaj demokrasi]

liberale (m)	orang liberal	[oraŋ liberal]
liberale (agg)	liberal	[liberal]
conservatore (m)	orang yang konservatif	[oraŋ yaŋ konservatif]
conservatore (agg)	konservatif	[konservatif]

repubblica (f)	republik	[republiʔ]
repubblicano (m)	pendukung Partai Republik	[pendukuŋ partaj republiʔ]
partito (m) repubblicano	Partai Republik	[partaj republiʔ]

elezioni (f pl)	pemilu	[pemilu]
eleggere (vt)	memilih	[memilih]
elettore (m)	pemilih	[pemilih]

campagna (f) elettorale	kampanye pemilu	[kampane pemilu]
votazione (f)	pemungutan suara	[pemuŋutan suara]
votare (vi)	memberikan suara	[memberikan suara]
diritto (m) di voto	hak suara	[ha' suara]
candidato (m)	kandidat, calon	[kandidat], [tʃalon]
candidarsi (vr)	mencalonkan diri	[məntʃalonkan diri]
campagna (f)	kampanye	[kampanje]
d'opposizione (agg)	oposisi	[oposisi]
opposizione (f)	oposisi	[oposisi]
visita (f)	kunjungan	[kundʒʲuŋan]
visita (f) ufficiale	kunjungan resmi	[kundʒʲuŋan resmi]
internazionale (agg)	internasional	[internasional]
trattative (f pl)	negosiasi, perundingan	[negosiasi], [perundiŋan]
negoziare (vi)	bernegosiasi	[bernegosiasi]

193. Politica. Governo. Parte 2

società (f)	masyarakat	[maʃarakat]
costituzione (f)	Konstitusi, Undang-Undang Dasar	[konstitusi], [undaŋ-undaŋ dasar]
potere (m) (~ politico)	kekuasaan	[kekuasa'an]
corruzione (f)	korupsi	[korupsi]
legge (f)	hukum	[hukum]
legittimo (agg)	sah	[sah]
giustizia (f)	keadilan	[keadilan]
giusto (imparziale)	adil	[adil]
comitato (m)	komite	[komite]
disegno (m) di legge	rancangan undang-undang	[rantʃaŋan undaŋ-undaŋ]
bilancio (m)	anggaran belanja	[aŋgaran belandʒʲa]
politica (f)	kebijakan	[kebidʒʲakan]
riforma (f)	reformasi	[reformasi]
radicale (agg)	radikal	[radikal]
forza (f) (potenza)	kuasa	[kuasa]
potente (agg)	adikuasa, berkuasa	[adikuasa], [berkuasa]
sostenitore (m)	pendukung	[pendukuŋ]
influenza (f)	pengaruh	[peŋaruh]
regime (m) (~ militare)	rezim	[rezim]
conflitto (m)	konflik	[konfli']
complotto (m)	komplotan	[komplotan]
provocazione (f)	provokasi	[provokasi]
rovesciare (~ un regime)	menggulingkan	[məŋguliŋkan]
rovesciamento (m)	penggulingan	[peŋguliŋan]
rivoluzione (f)	revolusi	[revolusi]
colpo (m) di Stato	kudeta	[kudeta]

golpe (m) militare	kudeta militer	[kudeta militer]
crisi (f)	krisis	[krisis]
recessione (f) economica	resesi ekonomi	[resesi ekonomi]
manifestante (m)	pendemo	[pendemo]
manifestazione (f)	demonstrasi	[demonstrasi]
legge (f) marziale	darurat militer	[darurat militer]
base (f) militare	pangkalan militer	[paŋkalan militer]

stabilità (f)	stabilitas	[stabilitas]
stabile (agg)	stabil	[stabil]

sfruttamento (m)	eksploitasi	[eksploitasi]
sfruttare (~ i lavoratori)	mengeksploitasi	[məŋeksploitasi]

razzismo (m)	rasisme	[rasisme]
razzista (m)	rasis	[rasis]
fascismo (m)	fasisme	[fasisme]
fascista (m)	fasis	[fasis]

194. Paesi. Varie

straniero (m)	orang asing	[oraŋ asiŋ]
straniero (agg)	asing	[asiŋ]
all'estero	di luar negeri	[di luar negeri]

emigrato (m)	emigran	[emigran]
emigrazione (f)	emigrasi	[emigrasi]
emigrare (vi)	beremigrasi	[bəremigrasi]

Ovest (m)	Barat	[barat]
Est (m)	Timur	[timur]
Estremo Oriente (m)	Timur Jauh	[timur dʒauh]

civiltà (f)	peradaban	[pəradaban]
umanità (f)	umat manusia	[umat manusia]
mondo (m)	dunia	[dunia]
pace (f)	perdamaian	[pərdamajan]
mondiale (agg)	sedunia	[sedunia]

patria (f)	tanah air	[tanah air]
popolo (m)	rakyat	[rakjat]
popolazione (f)	populasi, penduduk	[populasi], [pendudu']
gente (f)	orang-orang	[oraŋ-oraŋ]
nazione (f)	bangsa	[baŋsa]
generazione (f)	generasi	[generasi]

territorio (m)	wilayah	[wilajah]
regione (f)	kawasan	[kawasan]
stato (m)	negara bagian	[negara bagian]

tradizione (f)	tradisi	[tradisi]
costume (m)	adat	[adat]
ecologia (f)	ekologi	[ekologi]
indiano (m)	orang Indian	[oraŋ indian]

zingaro (m)	lelaki Gipsi	[lelaki gipsi]
zingara (f)	wanita Gipsi	[wanita gipsi]
di zingaro	Gipsi, Rom	[gipsi], [rom]

impero (m)	kekaisaran	[kekajsaran]
colonia (f)	koloni, negeri jajahan	[koloni], [negeri dʒ¡adʒ¡ahan]
schiavitù (f)	perbudakan	[pərbudakan]
invasione (f)	invasi, penyerbuan	[invasi], [penerbuan]
carestia (f)	kelaparan, paceklik	[kelaparan], [patʃekli⁷]

195. Principali gruppi religiosi. Credi religiosi

| religione (f) | agama | [agama] |
| religioso (agg) | religius | [religius] |

fede (f)	keyakinan, iman	[keyakinan], [iman]
credere (vi)	percaya	[pərtʃaja]
credente (m)	penganut agama	[peŋanut agama]

| ateismo (m) | ateisme | [ateisme] |
| ateo (m) | ateis | [ateis] |

cristianesimo (m)	agama Kristen	[agama kristen]
cristiano (m)	orang Kristen	[oraŋ kristen]
cristiano (agg)	Kristen	[kristen]

cattolicesimo (m)	agama Katolik	[agama katoli⁷]
cattolico (m)	orang Katolik	[oraŋ katoli⁷]
cattolico (agg)	Katolik	[katoli⁷]

Protestantesimo (m)	Protestanisme	[protestanisme]
Chiesa (f) protestante	Gereja Protestan	[geredʒ¡a protestan]
protestante (m)	Protestan	[protestan]

Ortodossia (f)	Kristen Ortodoks	[kristen ortodoks]
Chiesa (f) ortodossa	Gereja Kristen Ortodoks	[geredʒ¡a kristen ortodoks]
ortodosso (m)	Ortodoks	[ortodoks]

Presbiterianesimo (m)	Gereja Presbiterian	[geredʒ¡a presbiterian]
Chiesa (f) presbiteriana	Gereja Presbiterian	[geredʒ¡a presbiterian]
presbiteriano (m)	penganut	[peŋanut
	Gereja Presbiterian	geredʒ¡a presbiterian]

| Luteranesimo (m) | Gereja Lutheran | [geredʒ¡a luteran] |
| luterano (m) | pengikut Gereja Lutheran | [peŋikut geredʒ¡a luteran] |

| confessione (f) battista | Gereja Baptis | [geredʒ¡a baptis] |
| battista (m) | penganut Gereja Baptis | [peŋanut geredʒ¡a baptis] |

Chiesa (f) anglicana	Gereja Anglikan	[geredʒ¡a aŋlikan]
anglicano (m)	penganut Anglikanisme	[peŋanut aŋlikanisme]
mormonismo (m)	Mormonisme	[mormonisme]
mormone (m)	Mormon	[mormon]
giudaismo (m)	agama Yahudi	[agama yahudi]

ebreo (m)	orang Yahudi	[oraŋ yahudi]
buddismo (m)	agama Buddha	[agama budda]
buddista (m)	penganut Buddha	[peŋanut budda]

| Induismo (m) | agama Hindu | [agama hindu] |
| induista (m) | penganut Hindu | [peŋanut hindu] |

Islam (m)	Islam	[islam]
musulmano (m)	Muslim	[muslim]
musulmano (agg)	Muslim	[muslim]

sciismo (m)	Syi'ah	[ʃi-a]
sciita (m)	penganut Syi'ah	[peŋanut ʃi-a]
sunnismo (m)	Sunni	[sunni]
sunnita (m)	ahli Sunni	[ahli sunni]

196. Religioni. Sacerdoti

| prete (m) | pendeta | [pendeta] |
| Papa (m) | Paus | [paus] |

monaco (m)	biarawan, rahib	[biarawan], [rahib]
monaca (f)	biarawati	[biarawati]
pastore (m)	pastor	[pastor]

abate (m)	abbas	[abbas]
vicario (m)	vikaris	[vikaris]
vescovo (m)	uskup	[uskup]
cardinale (m)	kardinal	[kardinal]

predicatore (m)	pengkhotbah	[peŋhotbah]
predica (f)	khotbah	[hotbah]
parrocchiani (m)	ahli paroki	[ahli paroki]

| credente (m) | penganut agama | [peŋanut agama] |
| ateo (m) | ateis | [ateis] |

197. Fede. Cristianesimo. Islam

| Adamo | Adam | [adam] |
| Eva | Hawa | [hawa] |

Dio (m)	Tuhan	[tuhan]
Signore (m)	Tuhan	[tuhan]
Onnipotente (m)	Yang Maha Kuasa	[yaŋ maha kuasa]

peccato (m)	dosa	[dosa]
peccare (vi)	berdosa	[berdosa]
peccatore (m)	pedosa lelaki	[pedosa lelaki]
peccatrice (f)	pedosa wanita	[pedosa wanita]
inferno (m)	neraka	[neraka]
paradiso (m)	surga	[surga]

| Gesù | Yesus | [yesus] |
| Gesù Cristo | Yesus Kristus | [yesus kristus] |

Spirito (m) Santo	Roh Kudus	[roh kudus]
Salvatore (m)	Juru Selamat	[dʒuru selamat]
Madonna	Perawan Maria	[perawan maria]

Diavolo (m)	Iblis	[iblis]
del diavolo	setan	[setan]
Satana (m)	setan	[setan]
satanico (agg)	setan	[setan]

angelo (m)	malaikat	[malajkat]
angelo (m) custode	malaikat pelindung	[malajkat pelinduŋ]
angelico (agg)	malaikat	[malajkat]

apostolo (m)	rasul	[rasul]
arcangelo (m)	malaikat utama	[malajkat utama]
Anticristo (m)	Antikristus	[antikristus]

Chiesa (f)	Gereja	[geredʒa]
Bibbia (f)	Alkitab	[alkitab]
biblico (agg)	Alkitab	[alkitab]

Vecchio Testamento (m)	Perjanjian Lama	[perdʒandʒian lama]
Nuovo Testamento (m)	Perjanjian Baru	[perdʒandʒian baru]
Vangelo (m)	Injil	[indʒil]
Sacra Scrittura (f)	Kitab Suci	[kitab sutʃi]
Il Regno dei Cieli	Surga	[surga]

comandamento (m)	Perintah Allah	[perintah allah]
profeta (m)	nabi	[nabi]
profezia (f)	ramalan	[ramalan]

Allah	Allah	[alah]
Maometto	Muhammad	[muhammad]
Corano (m)	Al Quran	[al kurʔan]

moschea (f)	masjid	[masdʒid]
mullah (m)	mullah	[mullah]
preghiera (f)	sembahyang, doa	[sembahjaŋ], [doa]
pregare (vi, vt)	bersembahyang, berdoa	[bersembahjaŋ], [berdoa]

pellegrinaggio (m)	ziarah	[ziarah]
pellegrino (m)	peziarah	[peziarah]
La Mecca (f)	Mekah	[mekah]

chiesa (f)	gereja	[geredʒa]
tempio (m)	kuil, candi	[kuil], [tʃandi]
cattedrale (f)	katedral	[katedral]
gotico (agg)	Gotik	[gotiʔ]
sinagoga (f)	sinagoga, kanisah	[sinagoga], [kanisah]
moschea (f)	masjid	[masdʒid]

| cappella (f) | kapel | [kapel] |
| abbazia (f) | keabbasan | [keabbasan] |

| convento (m) di suore | biara | [biara] |
| monastero (m) | biara | [biara] |

campana (f)	lonceng	[lonʧeŋ]
campanile (m)	menara lonceng	[mənara lonʧeŋ]
suonare (campane)	berbunyi	[bərbunji]

croce (f)	salib	[salib]
cupola (f)	kubah	[kubah]
icona (f)	ikon	[ikon]

anima (f)	jiwa	[dʒiwa]
destino (m), sorte (f)	takdir	[takdir]
male (m)	kejahatan	[kedʒ'ahatan]
bene (m)	kebaikan	[kebajkan]

vampiro (m)	vampir	[vampir]
strega (f)	tukang sihir	[tukaŋ sihir]
demone (m)	iblis	[iblis]
spirito (m)	roh	[roh]

| redenzione (f) | penebusan | [penebusan] |
| redimere (vt) | menebus | [mənebus] |

messa (f)	misa	[misa]
dire la messa	menyelenggarakan misa	[mənjeleŋgarakan misa]
confessione (f)	pengakuan dosa	[peɲakuan dosa]
confessarsi (vr)	mengaku dosa	[məɲaku dosa]

santo (m)	santo	[santo]
sacro (agg)	suci, kudus	[suʧi], [kudus]
acqua (f) santa	air suci	[air suʧi]

rito (m)	ritus	[ritus]
rituale (agg)	ritual	[ritual]
sacrificio (m) (offerta)	pengorbangan	[peɲorbaɲan]

superstizione (f)	takhayul	[tahajul]
superstizioso (agg)	bertakhayul	[bərtahajul]
vita (f) dell'oltretomba	akhirat	[ahirat]
vita (f) eterna	hidup abadi	[hidup abadi]

VARIE

198. Varie parole utili

aiuto (m)	bantuan	[bantuan]
barriera (f) (ostacolo)	rintangan	[rintaŋan]
base (f)	basis, dasar	[basis], [dasar]
bilancio (m) (equilibrio)	keseimbangan	[keseimbaŋan]
categoria (f)	kategori	[kategori]
causa (f) (ragione)	sebab	[sebab]
coincidenza (f)	kebetulan	[kebetulan]
comodo (agg)	nyaman	[njaman]
compenso (m)	kompensasi, ganti rugi	[kompensasi], [ganti rugi]
confronto (m)	perbandingan	[pərbandiŋan]
cosa (f) (oggetto, articolo)	barang	[baraŋ]
crescita (f)	pertumbuhan	[pərtumbuhan]
differenza (f)	perbedaan	[pərbeda'an]
effetto (m)	efek, pengaruh	[efek], [peŋaruh]
elemento (m)	unsur	[unsur]
errore (m)	kesalahan	[kesalahan]
esempio (m)	contoh	[tʃontoh]
fatto (m)	fakta	[fakta]
forma (f) (aspetto)	bentuk, rupa	[bentuk], [rupa]
frequente (agg)	kerap, sering	[kerap], [seriŋ]
genere (m) (tipo, sorta)	jenis	[dʒˈenis]
grado (m) (livello)	tingkat	[tiŋkat]
ideale (m)	ideal	[ideal]
inizio (m)	permulaan	[pərmula'an]
labirinto (m)	labirin	[labirin]
modo (m) (maniera)	cara	[tʃara]
momento (m)	saat, waktu	[sa'at], [waktu]
oggetto (m) (cosa)	objek	[obdʒˈe']
originale (m) (non è una copia)	orisinal, dokumen asli	[orisinal], [dokumen asli]
ostacolo (m)	rintangan	[rintaŋan]
parte (f) (~ di qc)	bagian	[bagian]
particella (f)	partikel, bagian kecil	[partikel], [bagian ketʃil]
pausa (f)	perhentian	[pərhentian]
pausa (f) (sosta)	istirahat	[istirahat]
posizione (f)	posisi	[posisi]
principio (m)	prinsip	[prinsip]
problema (m)	masalah	[masalah]
processo (m)	proses	[proses]
progresso (m)	kemajuan	[kemadʒˈuan]

| proprietà (f) (qualità) | sifat | [sifat] |
| reazione (f) | reaksi | [reaksi] |

rischio (m)	risiko	[risiko]
ritmo (m)	tempo, laju	[tempo], [ladʒ'u]
scelta (f)	pilihan	[pilihan]
segreto (m)	rahasia	[rahasia]
serie (f)	rangkaian	[raŋkajan]

sfondo (m)	latar belakang	[latar belakaŋ]
sforzo (m) (fatica)	usaha	[usaha]
sistema (m)	sistem	[sistem]
situazione (f)	situasi	[situasi]
soluzione (f)	solusi, penyelesaian	[solusi], [penjelesajan]

standard (agg)	standar	[standar]
standard (m)	standar	[standar]
stile (m)	gaya	[gaja]
sviluppo (m)	perkembangan	[pərkembaŋan]
tabella (f) (delle calorie, ecc.)	tabel	[tabel]

termine (m)	akhir	[ahir]
termine (m) (parola)	istilah	[istilah]
tipo (m)	jenis	[dʒ'enis]
turno (m) (aspettare il proprio ~)	giliran	[giliran]
urgente (agg)	segera	[segera]

urgentemente	segera	[segera]
utilità (f)	kegunaan	[keguna'an]
variante (f)	varian	[varian]
verità (f)	kebenaran	[kebenaran]
zona (f)	zona	[zona]